大展好書 好書大展

大展好書 好書大展

前言

太極劍是屬於太極拳派系中的劍術，兼有太極拳和劍術兩種運動特點。

儘管中國劍術和太極拳源遠流長，但是太極劍的歷史卻很年輕。在現有的太極拳史料中，很難查到太極劍的資料。≪陳氏家譜≫及≪拳械譜≫中不見記載；王宗岳、李亦畬手抄≪太極拳譜≫中亦不見記錄；蔣發、楊露禪、武禹襄等人的學拳授藝記述中也未見敍及。就是「好道善劍」的張三豐，在有關資料中也僅談及他傳授了「武當下乘丹字第九派四明內家之劍術」即「武當劍」。雖然武當劍也講究順人之勢、後發先至、乘虛蹈隙、避青入紅、走化旋翻，以斜取正，然而它那輕穩疾快、「一擊之間，恍若輕風不見劍」、「但見劍光不見人」的特點及其騰空、滾翻、地躺的劍法，畢竟與太極劍的風格大有差異。從目前流行的各式太極劍來看，無論內容、結構和動作名稱，各家都彼此不同，很難找出一脈相承的痕跡，足見目前的太極劍皆爲太極拳形成流派以後，各自分別發展創造而成，其歷史當在近百年左右。

雖然太極劍歷史不長，但它開展之廣、影響之大，遠遠超過了太極刀、槍、棍、杆等器械，成為最受太極拳愛好者歡迎的器械項目。太極劍的健身性、藝術性、群衆性已為事實肯定和群衆接受。

本書介紹了劍術和太極劍的基本知識及三十二式太極劍和武當太極劍兩個套路。嚴格地說，本書是我近年發表的有關太極劍材料的整理匯編。其中三十二式太極劍原是為北京市太極拳輔導站業餘教練員普及太極劍而編寫的一個輔導教材，是在國家體委原編教材基礎上，加以提示解說而成；武當太極劍則是我協助李天驥先生整理改編的傳統套路，目的是滿足愛好者進一步提高太極劍技巧、學習不同太極劍風格的需要。至於新編的太極劍競賽套路，因限於篇幅，避免出版重複，未予收入。

由於作者水平有限，錯誤不當之處，敬希讀者指正。

李德印　一九九二年十二月

目錄

第三章　武當太極劍

第一章

劍術和太極劍概述

一、劍術的歷史發展

劍為我國古兵器，曾被譽為「百兵之君」。

劍術古代稱為「劍道」。《漢書・藝文志》兵伎巧中曾列有「劍道」三十八篇，是對當時劍術的理論總結，可惜現已失傳。

劍的歷史相當久遠。據《史記・皇帝本紀》記載：「帝采首山之銅鑄劍，以天文古字題銘其上。」《管子・數地篇》記載：「昔葛天盧之山，發而出金，蚩尤受到制之，以為劍、鎧、矛、戟，此劍之始也。「在此後的夏、商、西周各代中，皆有鑄劍的歷史記載，如夏禹鑄劍，藏於會稽山；孔甲取牛首山之鐵鑄劍；周昭王鑄五劍投於五岳，銘曰「鎮岳上方」等等。當然，上述記述中不少屬於傳說，有待考証。我國出土的青銅劍是商代（公元前一七一一—一〇六六年）短劍，形似匕首。可見金屬劍在我國至少已有三千多年的歷史。

西周以前，戰爭以車為主，戟、矛、戈、殳等長兵器占重要地位，劍只作為統治者的權貴象徵和護身武器。到了春秋戰國時期，戰爭頻繁，騎兵、步兵興起，劍在兵器中的地位也越來越重要。這時劍的品種、數量、質量都大大提高，出現了一批製劍的能工巧匠和衆多的「寶劍」、「利劍」、「艮劍」。如吳國干將、莫邪曾製成靠之而合、分之即離帶有磁性的雌雄雙劍。越國歐冶子以高超技術和毅力鑄有合金寶劍五口，造工精美，形體互異，為世間罕有。迄今考古發現的吳、越青銅劍不下二十餘件，有的在地下埋藏了兩千幾百年，至今仍花紋精美，劍刃鋒利，不鏽不蝕，足見鑄造工藝水平之高超。

與此同時，春秋戰國時期的劍術技術和理論，也得到飛躍發展，「佩劍」、「擊劍」之風，甚為盛行。這時的劍術，主要以格鬥相擊形式出現。《莊子・論劍》記載：「昔趙文王喜劍，劍士夾門而客三千餘人，日夜相擊於前。死傷者，歲百餘人，好之不厭。」

又據《漢書》、《管子》記載，因吳王好劍，吳國許多百姓身上、臉上留有鬥劍的傷痕或瘡瘢。人們甚至把生死置於度外。可見當時的擊劍近於實戰。而且無安全保護設備，然而習劍尚武之風，卻遍及朝野。除擊鬥形式外，劍術的套路舞練形式也很普遍。《孔子・家語》記載，孔子的學生子路見孔子的時候就「仗劍而舞」。

隨著劍術技術的發展和提高，劍術理論也日趨成熟。《莊子・論劍》論述說：「夫為劍者，示之以虛，開之以利，後之以發，先之以至。」對劍術的虛實相兼、後發先至、因敵變化的技法，作了高度概括。在《吳越春秋》中還生動記述了一位著名的女劍術家的故事：

一次，越王勾踐與大臣商討強國之策，大夫范蠡推荐了一位武藝超群、劍藝精湛的采桑少女。這位少女見到越王之後，精確地論述了一整套劍法理論，認為：「其道甚微而易，其意甚幽而深。道有門戶，亦有陰陽。」「凡手戟戰道，內實精神，外示安逸，見之似好婦，奪之似懼虎。布形候氣，身神俱往。杳之若日，偏如脫兔；追形捉影，恍若仿佛；呼吸往來，不及法禁；縱橫逆順，直復不聞。」接著，這位少女當場舞劍，只見她閃展翻騰，上下飛舞，劍以流星，人如奔兔。越王看了，拍手稱讚，並賜名為「越女」。

這個故事生動地反映了當時劍術及其理論的發展水平，也是劍術普及民間、男女老少廣泛習練的一個縮影。

秦漢時期，劍術有了進一步的發展。荆軻刺秦王的故事，從武器上看，是一場短劍對長劍的搏鬥。漢高祖劉邦「以布衣提三尺劍取天下」。漢時，「自天子至百官，無不佩劍」（《晉書》），而且形成了一套嚴格的佩劍制度。當時湧現出一批以劍術立名天下的名手，如張仲、雷被、王越、史阿等人。很多著名學者，如司馬相如、東方朔等人，也是自幼學劍，技藝精湛。作為一代帝王的曹丕，更是一位劍術高手，他在《典論•自序》中說，自己少時拜師學劍，聽說奮威將軍鄧展武藝出衆，並有空手奪兵刃的本領，便一邊喝酒，一邊與鄧展論劍。至酒酣耳熱，二人以甘蔗當劍比試起來。經過幾個回合的較量，曹丕三中鄧臂。鄧不服氣，要求再比，曹欣然同意。交手中，曹丕虛實莫測，引鄧中計，再次擊中鄧的前額，顯示了高超的技藝。

在著名的「鴻門宴」上，項莊「請以舞劍」，演出了一場圖謀暗殺的驚險場面。在西漢後期盛行的「百戲」中，還出現了劍術與舞蹈相結合的表演形式，如劍戟舞等。

晉代以後，佛、道二教興起，但習劍遺風仍然存在，如「聞雞起舞」的祖逖、「少年學擊劍，妙技過曲城」的阮籍，都是當時劍術名手。另一方面，也出現了宗教與劍結合的現象。後期道家（道教）幻想通過煉丹、練劍，達到「長生不老」的仙境，劍被稱為「法器」，給劍術蒙染上某些神秘色彩。南朝著名道士陶弘景，曾被齊高帝拜為左衛殿中將軍，以後隱居山中，號稱「華陽真人」，著有《古今刀劍錄》，對刀劍歷史做了詳細介紹，同時也開創了宗教與劍術結合之風。

唐代時期，劍術重又振興。朝野上下，文武將相，儒道戲雜，莫不以習武學劍為能事。著名詩人李白，自稱「十五好劍術……三十成文章」。王維自稱「讀書復騎射，帶劍遊淮陰」。杜甫平生以劍為侶，「酒闌拔劍肝膽露」，「拔劍或與蛟龍爭」。他們不僅為一代文豪詩聖，而且也是「起舞拂長劍，四座皆揚眉」的劍術高手。著名畫家吳道子、書法家張旭，在觀看了舞劍之後，都深受啟發激勵，書畫「若有神助」，技藝大為長進。這証明了劍術不僅在技擊方面有獨到之處，而且在精神上、藝術上，也具有特殊的感染力。

民間劍術活動，在唐宋時期有長足發展。據記載，當時庶民百姓，每逢勞作空隙，「擊劍相試，觀者絡繹不絕」。宋代詩人蘇軾，對民間武術的發展給予了熱情的支持與歌頌。他寫道：「提劍本是耕田夫，橫行天下竟何事。」這一時期，劍術在「百戲」隊伍裏，在街頭藝人中，也有廣泛開展。公孫大娘、李十二娘都是當時著名女藝人和舞劍能手。詩人杜甫曾這樣描繪：「昔有佳人公孫氏，一舞劍器動四方。觀者如山色沮喪，天地為之久低昂。㸌如羿射九日落，矯如江海凝清光，……」以上情況表明，作為武技的劍術，這時更趨向健身性、藝術性，日益與體育、文娛活動相結合。

值得指出的是，唐宋時代的劍術在與宗教結合過程中，荒誕迷信的一面也有所發展。同時也有以降妖伏魔、飛劍取首為內容的劍俠小說出現，產生了宣揚神怪迷信、愚弄群衆的作用。

元代之後，武術經歷了坎坷不平的發展道路，劍術發展也是這樣。元朝統治者嚴禁民間習武和收藏兵器，規定「敎人兵藝，杖之」。致使劍術流傳受到壓抑。

明代是武術重獲發展的時期，出現了很多武術流派。當時雖然火器已經廣泛應用於戰爭，但武術的軍事價值並未消失。如著名戰將俞大猷、戚繼光、何良臣、茅元儀等在撰寫的各種軍事著作中，對包括劍術在內的各種武術器械及各種拳法，皆有專門論述。另一方面這時武術的體育作用愈加顯著，劍術作為武術健身手段，更加廣泛流傳於民間僧俗之中。明末武術家吳殳，五十歲時還向漁陽老人學習劍法，寫成《劍訣》於世。

清朝雖也三令五申禁民習武，但武術隨著人民反清情緒的增長，卻更加隱蔽地通過各種形式和渠道，廣泛流傳。同時，社會上出現了衆多的武術門派，隨之也產生了各門各派的劍法，劍術呈現了千姿百態、各具特色的新局面。

明清兩代的武術雖然有了進一步的發展，形成了許多著名的門派、流派，但劍術的地位卻遠不如古代顯著。其表現之一，劍術在軍事上的地位下降。在當時重要的軍事著作中，劍術皆不占重要位置。如《續武經總要》、《陣記》、《紀效新書》、《武備志》等著作，多認為「拳、棍為諸藝之本源」。其表現之二，精通劍術的高手頗為罕見。何艮臣在《陣記》中說：「卞莊子之紛絞法，王聚之起落法，劉先主之顧應法，馬明之閃電法，馬超之出手法，其五家之劍，庸或有傳。」表明一些精湛劍術缺少繼承，多不輕傳。《老槃餘事》中也感嘆地說：「今無劍客，而少名劍。」其表現之三，劍術多附屬於各拳種中，作為各門派器械出現，失其獨立地位。不似歷史上，社會習武以劍為主體，通過擊劍、舞劍，作為習武思奮、健身抒情的主要手段。

二、現代劍術的概況

在舊中國，雖然從中央到地方設立了一些「國術館」。甚至有人打出「提倡國粹」、「國術救國」的旗號，然而實際上武術並未受到重視。一些武術家生活得不到保証，群衆武術活動處於自發自流狀態，具有悠久歷史傳統的中華武術處於奄奄一息的狀態。

新中國成立後，武術作為民族體育項目，在挖掘、整理、繼承的基礎上，得到空前的發展，出現了大面積群衆性練武高潮，劍術作為主要武術項目，更是備受人們的喜愛。其內容不斷豐富發展，技術日益充實提高。

現代劍術以套路為主要形式，其特點是輕盈敏捷、優美瀟洒、氣勢流暢、靈活多變、剛柔相兼、吞吐自如。武術諺語素有「刀如猛虎，劍如飛鳳」和「劍走美式」的說法。劍術吸引著越來越多的愛好者。

現代劍術內容十分豐富，常見的有青萍劍、昆吾劍、太極劍、三才劍、三合劍、龍形劍、八卦劍、八仙劍、純陽劍、綈袍劍、達摩劍、螳螂劍、七星劍、武當劍、飛虹劍、崑崙劍、通臂劍、奇形劍、連環劍、龍鳳劍、十三劍、醉劍等等，數不勝數。為適應武術教學、訓練和競賽的需要，有關部門還編訂了各種劍術規定套路和競賽規則，規定了劍術比賽的規格、組別和內容要求，注意糾正「技擊至上」和「舞台化」、「體操化」等偏向，從而使劍術沿著推陳出新、古為今用、繼承發展、百花齊放的道路發展。

現代劍術的形式大體可分為單練、對練和集體演練三種形式，其中以個人單練為基礎。劍術內容可分為單劍、雙劍兩大類。單劍多為右手正握劍，也有反手劍（劍身背向虎口握劍）、雙手劍（劍身及劍柄均較長，雙手握柄）的練法。雙劍則為左右手正握，兩劍呼應成對，協調配合練習。無論單劍、雙劍皆有配掛長穗、短穗之別，稱為長穗劍、短穗劍。每類劍術皆有不同技法和特點。就劍術風格劃分，劍術又分為行劍、勢劍、意劍三大類。行劍突出一個「行」字，善於走動而較少定勢。要求身法、步法、劍法順遂協調，氣勢連貫，步法輕捷，運動中不斷變換招術，剛柔相兼，身劍合一。勢劍又稱站劍，突出一個「定」字，以一招一勢見長。特點在於動靜分明，節奏性強；樁步穩固，勁力飽滿；造型優美，多平衡動作。意劍突出一個「意」字。在劍法運用中突出心意的表現，要求象形取意，意領身隨，快慢相兼，綿綿不斷，凝神斂氣，柔中寓剛，如醉劍、太極劍、八卦劍等等。當然，行劍、勢劍、意劍的分法，只是就其運動風格特色相對而言，其間並無截然界限。實際上任何劍術都需要動靜相間，形意兼備，劍與神合，身與劍合。

三、劍的結構、握法和基本劍法

(一)劍的結構及各部名稱

中國古劍長短不等，有巨劍、長劍、短劍、小劍之分。現代劍的長度，一般以反手垂臂持劍，劍尖高不過頭，低不過耳為準。重量約為〇・五—一千克（武術競賽規則規定：成年男子劍不得輕於〇・六千克，成年女子劍不得輕於〇・五千克）。劍的結構古今大致相同，

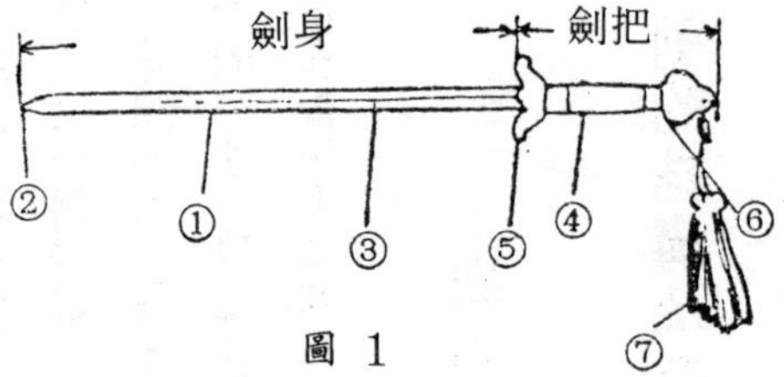

圖 1

分為劍身和劍把兩段。由以下各部分組成（圖1）：

①**劍刃**——劍身兩側鋒利的薄刃。

②**劍尖**——劍身鋒銳的尖端。

③**劍脊**——劍身長軸隆起的部分。

④**劍柄（劍莖）**——劍把上貼手的部位。

⑤**護手（劍格）**——劍柄與劍身相隔的突出處，多成〈形或〉形。

⑥**劍首（劍墩、劍鐔）**——劍柄後端的突出部，多成凸形。

⑦**劍穗（劍袍）**——附在劍首的絲織的穗子。

(二)劍的基本握法和劍指

握劍的方法稱為握法或把法。正確的握法不僅是準確表現劍法的先決條件，而且是技術嫻熟的重要標誌。

初學者握劍往往生硬緊張，劍在手中不能靈活運轉，致使劍法表現不清，力點不準，剛柔失度，技法大為遜色。劍術高超者，握劍既牢又活，隨著劍法的變化，腕、指關節靈活多變，掌心鬆空，掌緣、掌根、虎口各部位著力輕重各不相同，稱為活把握劍。故劍譜歌訣上有「手心空，使劍活；足心空，行步捷」的說法。

隨著不同劍法的需要，握劍方法主要有以下七種：

1.平握——五指平卷握劍（圖2）。多用於劈劍、崩劍、托劍、推劍等。

2.直握——五指螺形卷握（圖3）。多用於刺劍、掃劍等。

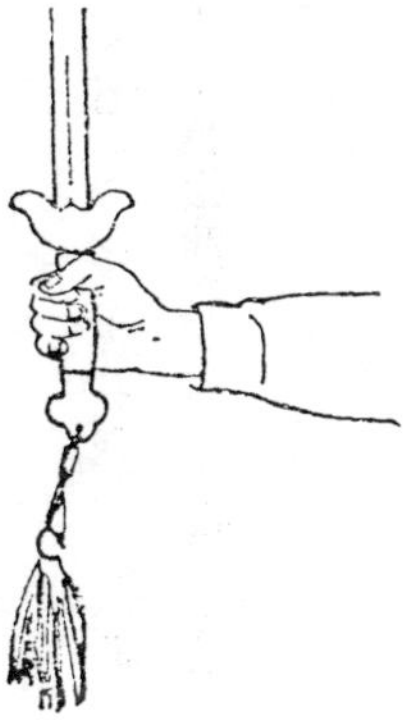

圖 2

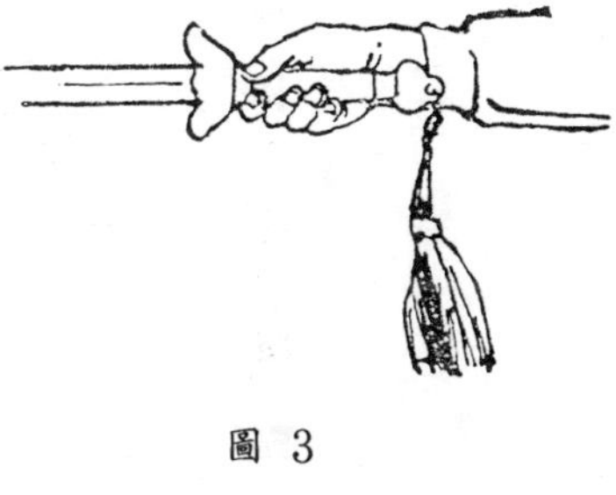

圖 3

3.鉗握——拇指、食指和虎口鉗夾，其餘三指鬆握（圖4）。多用於帶劍、抽劍、掛劍、雲劍等。

4.提握——腕關節屈提，拇指、食指下壓，其餘三指上勾（圖5）。多用於點劍、提劍等。

5.反握——手臂內旋，手心向外，拇指支於劍柄下方，向上用力；中指、無名指、小指

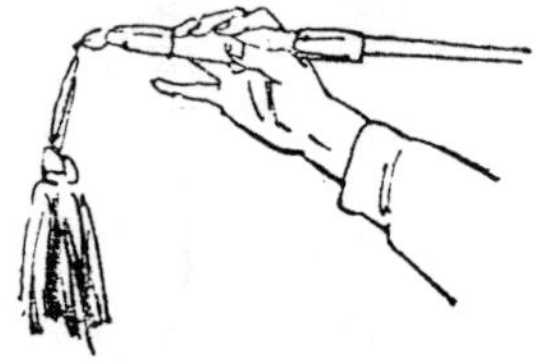

圖 4

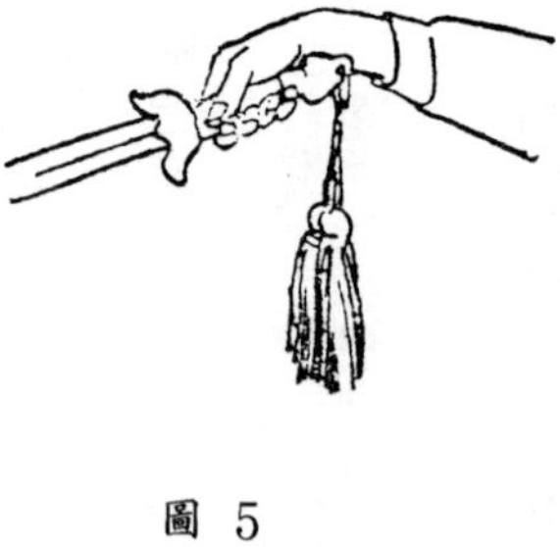

圖 5

向下勾壓（圖6）。多用於撩劍、探刺劍等。

6. 墊握——食指伸直，墊在護手下面助力或控制方向，拇指也伸直，其餘三指屈握（圖

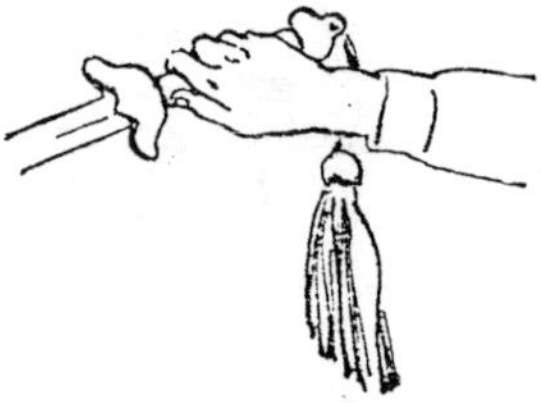

圖 6

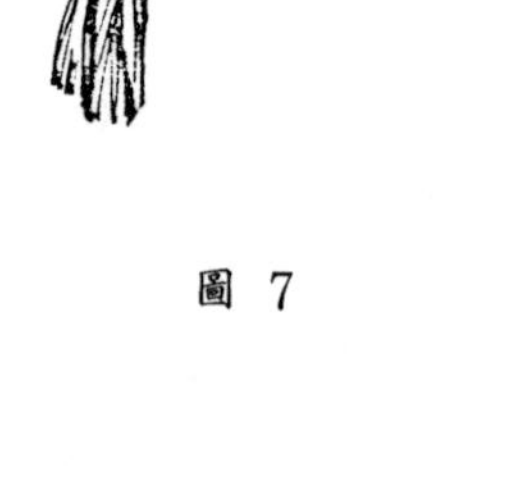

圖 7

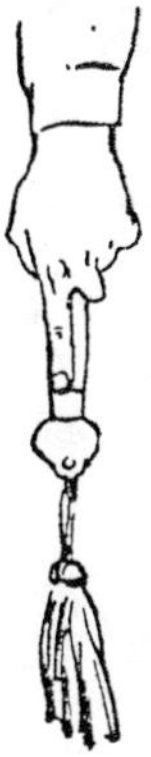

圖 8

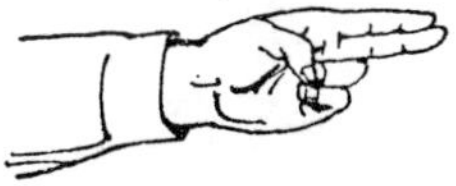

圖 9

7）。多用於絞劍、削劍、擊劍等。

7.反手握——劍身貼於左前臂後，左手食指貼於劍柄，指尖指向劍首，其餘四指扣握於護手（圖8）。多用於劍術的起勢。在反手劍術練習中也多用此種握法。

在劍術練習中，不持劍的手要捏成「劍指」，古稱「劍訣」、「戟指」。劍指的握法是食指、中指併攏伸直，其餘三指屈握掌心，拇指壓在無名指前端指骨上（圖9）。劍指運用合理得當，與劍法呼應配合，可以助勢助力，平衡優美，大大增強劍術的表現技巧和神采。

㈢基本劍法介紹

古代劍術把擊、刺、格、洗四類劍法稱為母劍。所謂擊法，指用劍刃前端（又稱劍鋒）去點啄、敲擊，如點劍、崩劍、擊劍等劍法；刺法指通過臂的屈伸，用劍尖進攻對方，如各種方式、方向的刺劍；格法指用劍刃去劈、斬、掃、截等劍法攻取對方；洗法是通過劍刃的滑動、劍的揮擺，著力點形成一條直線或弧線，如帶劍、抹劍、抽劍、撩劍、削劍等劍法。

現代劍術中劍法十分豐富，名稱並不完全統一，現將基本、多用劍法介紹如下：

1. **刺劍**——以劍尖直取對方，臂由屈而伸，與劍成一直線，力達劍尖。劍刃向左右為平刺劍，劍刃向上下為立刺劍。

2. **劈劍**——立劍由上而下用力，力點在劍刃，臂與劍成一直線。

3. **掛劍**——劍尖後勾，立劍由前向後上方或後下方格開對方進攻，力點在劍身平面。

4. **撩劍**——立劍由後向前上方撩出，力點在劍刃前部。

5. **雲劍**——平劍在頭前上方或頭頂平圓繞環，用以撥開對方進攻，力在劍刃。

6. **抹劍**——平劍由左向右，或由右向左領帶，力點順劍刃滑動。

7. **點劍**——立劍用劍尖向下點啄，力達劍刃前端。

8. **崩劍**——立劍用劍尖向上點啄，力達劍刃前端。

9. **擊劍**——平劍向左或向右敲擊，力達劍刃前端。向右擊劍又叫平崩劍。

10. **絞劍**——平劍使劍尖順時針或逆時針方向划小圈立圓繞環，力在劍刃前部。

11. **架劍**、**托劍**——立劍向上托舉，高過頭部，力在劍刃。

12. **截劍**——立劍或平劍切斷、阻截對方，力在劍刃。

13. **帶劍**——平劍由前向側後方抽回，力點在劍刃滑動。

14. **抽劍**——立劍由前向後上方或後下方抽回，力點沿劍刃滑動。

15. **挑劍**——立劍使劍尖由下向上挑起，力點在劍刃前端。

16. **穿劍**——平劍或立劍，沿腿、臂或身體向不同方向穿出，臂由屈而伸，力點在劍尖。

17. **提劍**——立劍或平劍，屈腕提拉劍把，劍尖朝下。

18. **推劍**——劍身豎直或橫平，由內向外推出，力在劍刃後部。

19. **捧劍**、**抱劍**——平劍或立劍，兩手在體前相合捧抱。

20. **掃劍**——平劍向左或向右揮擺，臂與劍成一直線，力在劍刃。

21. **斬劍**——與掃劍相同，但揮擺幅度和力度較小。

22. **壓劍**——平劍由上向下按壓，力在劍身平面中、後部。

23. **腕花**——以腕為軸，使劍在臂的內側或外側繞立圓。

24. **攔劍**——立劍斜向前上方托架，力點在劍刃中、後部。

四、太極劍的特點和學練要領

太極劍是屬於太極拳門派中的劍術，因此兼有太極拳和劍術二者的風格特點。

太極拳是中國古老的武術拳種，具有心靜體鬆、柔和連貫、動中求靜、重意不重力的運動特點，並具有很高的健身、攻防、體育醫療價值。它的內容除了包括拳術基本功和套路之外，還包括刀、劍、槍、桿等器械和雙人沾、粘連、隨的對抗性推手運動。近百年來隨著太極拳的發展，形成了不少流派，國家體育部門還編訂了很多新的規範教材和競賽規定套路，從而使太極拳運動內容大為豐富，有力地推動了太極拳的普及和提高。

作為太極拳系列重要組成部分的太極劍，其歷史遠較太極拳術和推手運動為晚。目前流行的各式太極劍，內容各異，取材不一，不似拳術和推手那樣，各家具有明顯的一脈相傳的痕跡。這是由於各式太極劍的產生大多是近百年太極拳形成流派以後，在古代劍術的基礎上，分別吸收了其它拳派的劍術內容，改造發展而形成的。據考證，目前各式太極劍分別由宣化劍、三才劍、乾坤劍演化而成。太極劍以它的特有魅力和風采，深受廣大太極拳愛好者的歡迎，其開展程度遠比太極刀、槍、桿等器械廣泛，不僅普及國內城鄉，在海外也廣為流傳，而且已被列為全國武術比賽的正式競賽項目。

雖然各式太極劍內容、風格不同，但卻具有以下共同的運動特點：

㈠**神舒體靜，內外相合**。太極劍與太極拳一樣，具有心靜體鬆、神態自然、以意運身、重意不重力的特點。在姿勢形態上要求立身中正安舒、懸頭豎頸、沈肩墜肘、含胸拔背、鬆腰斂臀，在動作中要求意念引導、精神集中、動中求靜、氣沈丹田、呼吸自然並與動作相配合。

㈡輕靈沈著，剛柔相濟。太極劍要求行步如貓行，運勁如抽絲，在意念引導下強調勁力的內在表現，含而不露、柔中寓剛、輕而不浮、沈而不僵，在輕穩柔和中顯示信心和實力。一些太極劍也有明顯的發力、加速和跳躍動作，遇此也要剛中有柔、腰腿發力、鬆活彈抖、轉接柔順，避免生硬拙力。

㈢連貫圓活、綿綿不斷。太極劍運動如浮雲行空，細水微瀾。其動作連綿柔緩，節奏平穩，運轉圓活，寓動於靜。其風格與動靜分明、節奏強烈、富於陽剛之美的劍術迥然不同。

㈣劍法清晰、身劍協調。太極劍與一切劍術相同，要求劍法清楚、力點準確、動作規範、準確地表現出各種劍法的攻防含意。不僅如此，它還要求具備造型優美、瀟洒飄逸、蓄發相間、虛實分明、劍勢多變的特色。演練中做到身與劍合，劍與神合，精神、肢體和劍法溶成一個協調的整體，才能體現太極劍的真諦。

現僅就個人練習太極劍的體會，提出以下學練要領，供學習太極劍的朋友參考。

第一，四法熟練，打好基礎。武術中拳術是器械的基礎。武術家常把手法、步法、身法、眼法稱為劍術練習「四要」。只有「四要」熟練貫通，才能與劍法相合，做到手、眼、身、法、步完整統一。

手法指上肢的運轉，是表現劍法的直接環節。一切劍法的變招換勢都要求手法鬆順靈活，路線準確，力點分明，同時表現出沈肩、虛腋、垂肘、活腕等太極拳要領。在劍術練習中，劍指的運用具有十分重要的作用，它可以助勢助力，維持平衡，提高造型的美感和穩定性。這種手法訓練是劍術練習的基礎，不可忽視。

步法和身法是練好劍術的關鍵。劍術起落、進退、走轉、平衡、跳躍都有賴於步法的靈活、樁步的穩固和腿法的柔韌，而劍法的表現和變化、勁力的蓄發和開合，以及要將腰背之力貫於劍鋒，則全賴於身法的運用，尤其是在擰轉、俯仰、屈伸等身法變化中保持中正舒展、斜中寓正，更需要有扎實的基本身型訓練作基礎。

眼法是表達神意的窗口，是觀變、應變的先行，又是意領神聚、寧靜自然、從容大度的體現。只有意到、眼到、手到、劍到，眼法與劍法緊密配合，才能表現出太極劍以意領劍、勢動神隨的神韻。

要打好手、步、身、眼的「四要」基礎，必須從武術基本功和拳術基礎訓練抓起。「練拳不練功，到老一場空」，對於太極劍練習者來說也是一種警訓和忠告。

第二，勤思苦練，循序漸進。初學太極劍，一招一勢務要力求準確。手、步、身、眼和劍法都要概念清楚，符合規範，切不可貪多求速，不求甚解，以免形成錯誤定型，造成「學拳容易改拳難」的局面。因此學習太極劍應先求正確，後求進度，遵守循序漸進的原則。老一輩武術家在太極劍教學中常常堅持先練內勇、次練外功、後練劍法的步驟。

內勇指精神、意志、品德等方面的修養，將這些作為擇徒授藝的首要條件。外功指身體素質和武術基本功的訓練，打好體力、體能和武術專項素質的基礎才利於深造。在精神上、物質上做好準備，最後才著重劍術練習。實踐證明，這種嚴謹的教學態度和方法，是培養高水平技藝和人材的必經之路。

一切有志於探索太極劍真諦的人都要堅持勤思苦練的學習精神。勤思就是善於動腦，善於學習，不斷提高悟性，及時地總結經驗，吸取他人之長，補己之短，探索和把握太極劍的規律。苦練就是反覆實踐，持之以恒，具有活到老、學到老、練到老，不斷進取、精益求精的精神，切不可滿足於已得的成績，固步自封，裹足不前。

第三，形意兼備，內外相合。太極劍是以意氣為主導的劍術，但絕不等於其形體和劍法無關緊要，可以隨意發揮，失去規矩。實際上意念的引導、氣力的結合，正是為了保證劍法的準確和神韻，促進姿勢、動作的協調自然，以及勁力的完整順達。

例如，只有定勢時有意識地沈氣、呼氣，才能使樁步穩定、氣勢飽滿、勁力充實；在蓄勁發力和平衡、轉折時，主動地吸氣、提氣，甚至屏氣才能使動作輕靈和順，蓄力充盈，發力完整。這樣既保證了劍法的準確發揮，又促進了劍術的圓活流暢，耐久自然。

矛盾雙方的對立和統一是一切事物運動的規律，機械地、片面地強調形體或意氣某一方面都是錯誤的。不同的人在不同的階段，某一方面可能是主要矛盾，成為訓練中的關鍵環節，但不等於可以忽視另一方面的存在。還有的人僅僅強調太極劍柔和平穩的一面，而不懂得其中還有靜中寓動、不變中寓變、變和動是絕對的而不變和靜是相對的這個辯證道理，從而把太極劍練得死氣沈沈，毫無生氣，失去了武術虛實相兼、剛柔相濟的特點和太極拳「陰陽相濟，方為懂勁」的精髓。

第四，正確處理繼承和發展的關係。一切優秀民族文化遺產和科學成果，都是在繼承和發展的辯證基礎上發揚光大的。近代的太極劍積累了幾代人的智慧成果，它的技法和經驗都是不斷繼承、不斷發展的結果。不尊重和繼承前人的經驗是否定民族文化遺產的表現，當然也就談不上學習和發展。

但是僅限於繼承，把前人的經驗和師訓當做一成不變的教條，墨守成規、述而不作、生硬模仿，也會窒息事物的發展，難以創造出太極劍的更高水平和個性特點。這種態度實質上也是對前輩心血的一種否定。相信在廣大武術工作者和太極劍愛好者的共同努力之下，太極劍這枝優秀的民族體育之花一定會發揚光大，為人民的體育事業作出更大貢獻。

第二章

三十二式太極劍

一、三十二式太極劍簡介

三十二式太極劍是國家體育運動委員會運動司於一九五七年創編的一個太極劍教材。它取材於楊式太極劍，從中擇取了有代表性的三十二個動作，分做四組，重新編排，每組八個動作，往返兩個來回。它既保留了傳統太極劍風貌，又刪繁就簡，突破了固有的程序，為集體教學的廣大初學者學習入門提供了方便條件。

三十二式太極劍內容包括十三種劍法。即：點劍、刺劍、掃劍、帶劍、劈劍、抽劍、撩劍、攔劍、掛劍、截劍、托劍、擊劍、抹劍。同時包括弓步、虛步、僕步、獨立步、併步、丁步、側弓步七種步型，還有進、退、上、撤、跟、跳、插、併、擺、扣、碾腳等十餘種步法和轉、旋、縮、反等身法轉換。由於它內容簡練，路線清楚，劍法準確，動作規範，易學易記，可以單人練，也可以集體練，打一套需要二、三分鐘時間，適於廣泛開展，所以它很快受到了廣大太極劍愛好者的歡迎。

三十二式太極劍首先以掛圖形式出版，以後又多次出版了單行本、合訂本，發行量累計上百萬份，對於普及太極劍運動起了有力的推動作用。

二、三十二式太極劍動作名稱

預備式

起勢（三環套月）

第一組

(1)、併步點劍（蜻蜓點水）

(2)、獨立反刺（大魁星式）

(3)、僕步橫掃（燕子抄水）

(4)、向右平帶（右攔掃）

(5)、向左平帶（左攔掃）

(6)、獨立掄劈（探海勢）

(7)、退步回抽（懷中抱月）

(8)、獨立上刺（宿鳥投林）

第二組

(9)、虛步下截（烏龍擺尾）

(10)、左弓步刺（青龍出水）
(11)、轉身斜帶（風卷荷葉）
(12)、縮身斜帶（獅子搖頭）
(13)、提膝捧劍（虎抱頭）
(14)、跳步平刺（野馬跳澗）
(15)、左虛步撩（小魁星式）
(16)、右弓步撩（海底撈月）

第三組

(17)、轉身回抽（射雁式）
(18)、併步平刺（白猿獻果）
(19)、左弓步攔（迎風撣塵）
(20)、右弓步攔（迎風撣塵）
(21)、左弓步攔（迎風撣塵）
(22)、進步反刺（順水推舟）
(23)、反身回劈（流星趕月）
(24)、虛步點劍（天馬行空）

第四組

(25)、獨立平托（挑簾式）
(26)、弓步掛劈（左車輪劍）
(27)、虛步掄劈（右車輪劍）
(28)、撤步反擊（大鵬展翅）
(29)、進步平刺（黃蜂入洞）
(30)、丁步回抽（懷中抱月）
(31)、旋轉平抹（風掃梅花）
(32)、弓步直刺（指南針）
收勢

三、三十二式太極劍動作圖解

預備式

兩腳併立，面向正南（假設），身體正直；兩臂自然垂於身體兩側，左手持劍，劍尖向上，右手握成劍指，手心向內；眼睛平視前方（圖—1）。

要點：

(1)頭頸正直，下頦微向內收，精神要集中。

(2)上體要自然，不要故意挺胸，收腹。

(3)兩肩鬆沈，兩肘微屈；劍身貼在左前臂後側，不要使劍刃觸及身體。

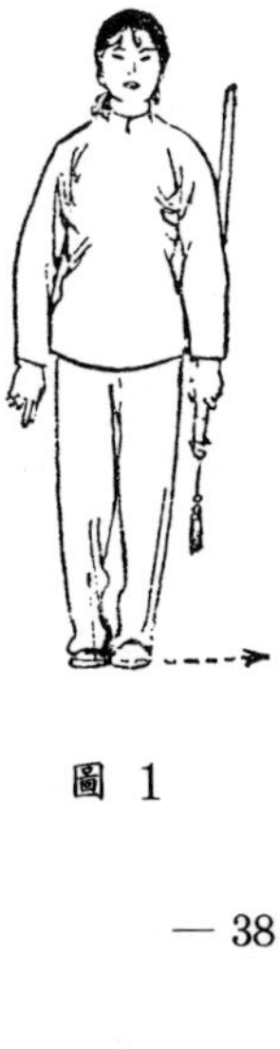

圖 1

起勢（三環套月）

1.左腳開步：左腳向左分開半步，兩腳平行，與肩同寬。右劍指內旋，掌心轉向身後（圖—2）。

2.兩臂前舉：兩臂慢慢向前平舉，高與肩平，手心向下；眼看前方（圖—3）。

圖 2

圖 3

要點：

⑴兩臂上起時，兩肩自然鬆沈，不要聳起。

⑵劍身貼左前臂下側，劍尖不可下垂，劍把指向正前方。

3.轉體擺臂：上體略向右轉，重心移於右腿，屈膝下蹲，隨之左腿提起向右腿內側收攏（左腳尖不點地）；同時右劍指邊翻轉邊由體前下落，經腹前向右上舉，手心向上；左手持劍經面前屈肘落於右肩前，手心向下，劍平置胸前；眼看右劍指（圖—4、—5）。

圖 4

圖 5

要點：

⑴重心穩定在右腿之後再收屈左腿。

⑵右手持劍划孤時，不可聳肩，身體不要歪斜。

4.弓步前指：身體左轉，左腳向前（正東）邁出，成左弓步；同時左手持劍經體前向左下摟至左胯旁，劍直立於左前臂後，劍尖向上；右臂屈肘，劍指經耳旁隨轉體向前指出，指尖自然向上，高與眼平；眼看劍指（圖—6、—7）。

圖 6

圖 7

要點：

⑴上步時，重心在右腿穩定之後，再邁出左腳。先是腳跟著地，隨即左腿屈膝前弓，身體重心逐漸前移，左腳慢慢踏實，腳尖向前，膝蓋不要超過腳尖；右腿自然蹬直，腳跟後蹬成弓步。做弓步時應避免身體重心隨著上步立即前移的「搶步」現象。本式弓步左腳落點應保持適當寬度，兩腳的橫向距離約在三十公分左右。

⑵轉體、上步、弓腿和兩臂的動作要柔和協調，同時完成。

⑶第2、3、4動作要連貫。

5.坐盤展臂：身體右轉，左臂屈肘上提，左手持劍，手心向下經胸前從右手上穿出；右劍指翻轉（手心向上），並慢慢下落，經腰間擺至身體右側，手心朝上，兩臂左右平展；同時右腿提起向前橫落，腳尖外撇，兩腿交叉，兩膝關節前後相抵，左腳跟提起，重心稍下降，成交叉半坐姿勢；眼看右劍指（圖—8、—9）。

圖 8

圖 9

要點：

(1)左右手在體前交錯時，左手持劍應直向體前穿出，不要屈肘橫劍向前推出。

(2)上步時右腳向前橫落要輕靈，身體重心移動要平穩，避免落腳沈重，重心立即前移的「搶步」現象。

(3)右手邊撤邊落，經腹前划孤，不要直著後抽，並注意與身體右轉協調一致。

(4)左手持劍穿出後，左前臂要稍向內旋，劍貼於臂後。

6.弓步接劍：左手持劍稍外旋，手心轉向下，劍尖略下垂；左腳上步成左弓步；同時身體左轉，右劍指經頭右上方向前落於劍把上，準備接劍；眼平看前方（圖—10、—11）。

圖 10

圖 11

要點：

⑴應先提腿上步，右臂上舉；然後屈膝弓腿，右臂前落。兩肘要微屈；兩肩放鬆；上體保持自然。

⑵弓步兩腳的橫向距離保持在三十公分左右。

第一組

⑴併步點劍（蜻蜓點水）

右手鬆開劍指，虎口對著護手，握住劍把，然後腕關節繞環，使劍在身體左側划一立圓，向前點出，力達劍尖；右臂先屈收沈肘，再向前伸直；左手握成劍指，附於右腕部；同時右腳向左腳靠攏成併步，身體半蹲；眼看劍尖（圖—12、—13）。

圖 12

圖 13

要點：

(1)劍身立圓向前環繞時，兩臂不可上舉。

(2)點劍是使劍尖由上向下點啄，腕部屈提，力注劍尖。點劍時，要以拇指、無名指和小指著力，其他兩指鬆握，持劍要鬆活，主要用腕部的環繞將劍向前下點出，劍身斜向下，右臂自然平直。

(3)併步時，兩腳不宜併緊，兩腳掌要全部著地，身體略下蹲，身體重心主要落在左腿上。不要做成右腳前掌著地的丁步；也不要使體重由兩腿平均負擔；身體保持正直。

(2)獨立反刺（大魁星式）

1.撤步抽劍：右腳向右後方撤步，同時體重後移，右手持劍撤至腹前，劍尖略高；左劍指附於右腕隨劍後撤；眼看劍尖（圖—14、—15）。

圖 14

圖 15

要點：

(1)右腳後撤時，腳前掌先著地，隨即右腿屈膝、重心後移。右腳後撤的落點要偏右後方；右腳落地時腳尖外撇約60度為宜。

(2)右手持劍抽撤時應落臂沈腕，劍尖自然抬起。

2.收腳挑劍：身體右後轉，隨之左腳收至右腳內側，腳尖點地；同時，右手持劍繼續反手抽撩至右後方，然後右臂外旋，右腕下沈，劍尖上挑，劍身斜立於身體右側；左手劍指隨劍撤於右上臂內側；眼看劍尖（圖—16、—17）。

圖 16

圖 17

要點：

(1)右腳不可任意扭轉。

(2)右腕翻轉下沈、劍尖上挑要連貫自然，避免上體左傾，右肩及右肘向上揚起。

(3)劍上挑時要屈腕活把握劍。

3.提膝反刺：上體左轉，左膝提起成獨立步；同時右手持劍上舉，使劍經頭右側上方向前反手立劍刺出，右手拇指向下，手心向外，力注劍尖；左手劍指經頦下向前指出，指尖自然向上，高與眼平；眼看劍指（圖—18）。

要點：

(1)右腿自然直立，左膝儘量上提，左腳尖下垂，腳面展平，小腿和腳掌微向裡扣護襠。上體保持正直，頂頭豎項，下頦內收，身體不可前俯後仰。

(2)左膝要正向前方，與左肘上下相對，不要偏向右側。上一動右腳的朝向若安排得合度，有助於提膝獨立的穩定。

(3)刺劍是使劍通過伸臂或揮擺刺出，力貫劍尖，注意避免將劍身由下向上托起的錯誤做法。

圖 18

(3)僕步橫掃（燕子抄水）

1.撤步劈劍：上體右後轉，劍隨轉體向右後方劈下，右臂與劍平直，左劍指落於右腕部；在轉體的同時，右腿屈弓，左腿向左後方撤步，膝部伸直；眼看劍尖（圖—19）。

要點：

(1)左腿向左後撤步時，右腳方向不變。

(2)劈劍同左腿撤步的方向相反。

2.僕步掃劍：身體左轉，左劍指經體前順左肋向後反插，並向左上方划孤舉起，手心斜向上；右手持劍，手心轉向上，使劍自右後方向下、向左前方划孤平掃，右膝彎屈下蹲成半僕步，隨著重心逐漸左移，左腳尖外撇，左腿屈弓，右腳尖內扣，右腿自然伸直，成左弓步；定式時劍高與胸平；眼看劍尖（圖—20、—21）。

要點：

(1)隨著轉體和重心左移，左腳尖應盡力外撇，超過中線，隨即右腳尖裡扣，成左弓步。轉換過程中步型應為半蹲僕步，也可做成全蹲僕步。身體應保持正直。

(2)掃劍是平劍向左或向右掃，力在劍刃。做本式時，持劍要平穩，向下再向左前方平掃，有一個由高到低（與膝或與踝同高）再到高的孤線，不要做成攔腰平掃。定式時，右手停在左肋前，劍尖置於體前中線處，高與胸平。

(3)定式時，左臂要撐得圓滿，不要過屈、過直。

圖 19

圖 20

圖 21

(4)向右平帶（右攔掃）

1.收腳收劍：右腳提起收至左腳內側（腳尖不點地）；同時右手持劍稍向內收引，左劍指落於右腕部；眼看劍尖（圖—22）。

要點：

右手持劍屈臂後收時，劍尖略抬，控制在體前中線附近，不要使劍尖左擺。

2.上步送劍：右腳向右前方邁出一步，腳跟著地；同時右手持劍略向前引伸；左劍指仍附於右腕部；眼看劍尖（圖—23）

要點：

上步的方向與中線約成30度左右，不要落步過橫或過直。

3.弓步帶劍：重心前移，右腳踏實成右弓步；右手持劍，手心翻轉向下，向右後方斜帶。劍指仍附於右腕；眼看劍尖（圖—24）。

圖 22

圖 23

圖 24

要點：

⑴帶劍是平劍由前向斜後方柔緩平穩地划孤回帶，力在劍刃。本式平帶劍時，劍應邊翻轉邊斜帶；劍把左右擺動的幅度要大，而劍尖則始終控制在體前中線附近，不要過多地左右擺動；劍的回帶和弓步要一致，同時上體微向右轉，這樣動作才能協調完整。

⑵帶劍時應注意由前往後帶，不要橫向右推或做成掃劍。

⑸向左平帶（左攔掃）

1. 收腳收劍：右手持劍屈臂後收；同時左腳提起收至右腳內側（腳尖不點地）；眼看劍尖（圖—25）。

要點：

同「向右平帶」的第一動，只是左右相反。

2. 上步送劍：左腳向左前方上步，腳跟著地；右手持劍向前伸展，左劍指翻轉收至腰間；眼看劍尖（圖—26）。

要點：

同「向右平帶」第二動，只是左右相反。

3. 弓步左帶：右手翻掌將劍向左後方弧線平劍回帶，握劍手帶至左肋前方，力在劍刃；左手劍指繼續向左上方划弧舉至額左上方，手心斜向上；同時，左腿屈弓，重心前移，成左弓步；眼看劍尖（圖—27）。

要點：

除左手劍指划弧上舉外，餘皆同「向右平帶」第三動，只是左右相反。

圖 25

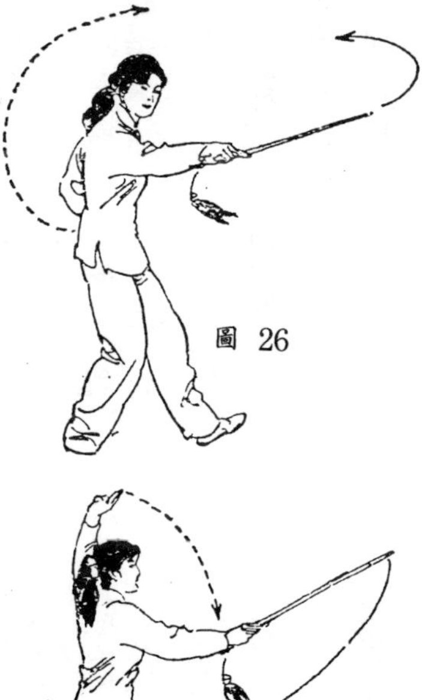

圖 26

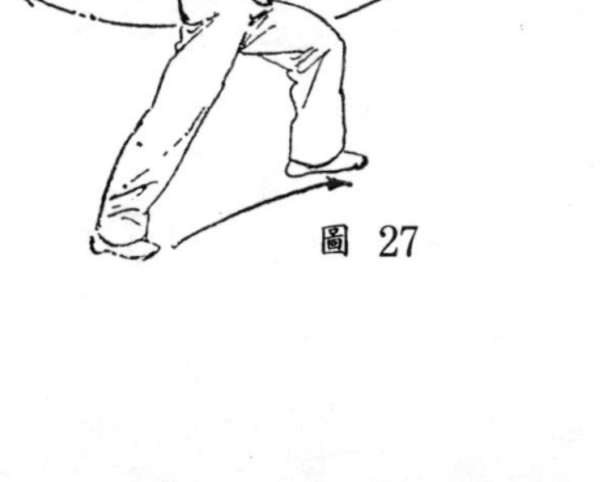

圖 27

(6)獨立掄劈（探海勢）

1. 轉體掄劍：右腳收至左腳內側，腳尖著地；身體左轉，右手持劍由前向下、向後划弧，立劍斜置於身體左下方；左劍指下落，兩手交叉於腹前；眼看左後方（圖—28及附圖）

要點：

圖 28

圖 28附圖

⑴右手持劍後掄時，手心斜向外，左劍指斜向下。

⑵向左轉體時上體保持正直，不要前俯。

2.上步舉劍：右腳向前上步，腳跟落地；右手內旋上舉，持劍划弧舉於頭上方；劍指翻轉收於腰間（圖—29及附圖）。

要點：

掄劍與舉劍應連貫划一立圓，並與轉腰、旋臂相配合。

3.獨立劈劍：重心前移，右腳踏實，左腿屈膝上提，成右獨立步；同時上體右轉，稍向

圖 29

圖 29附圖

前傾；右手持劍隨身體右轉，向前下方立劍劈下，力在劍刃，右臂與劍成一條斜線；左手劍指向後、向上划孤舉至左上方，掌心斜向上；眼看前下方（圖—30及附圖）

要點：

(1)劈劍是立劍由上向下劈出，力在劍刃。本式右手持劍由前向下、向後再向上沿身體左側掄繞一立圓，順勢向前下方劈出，劍尖略高於膝。掄劈劍要以肩為軸；臂要舒展伸直，不可提腕做成點劍。

(2)左劍指的運動要和持劍的右手相互配合。當右手持劍掄臂上舉時，左劍指向下、向後與右手交叉划孤；當右手持劍向前下方劈出時，左劍指由後向上划弧至頭側上方。兩手一上一下、一前一後地對稱交叉划立圓。

⑶整個動作要連貫不停、一氣呵成。

⑺退步回抽（懷中抱月）

1.退步提劍：左腳向後落下，右手持劍外旋上提（圖—31）。

2.虛步抽劍：重心後移，右腳隨之撤回半步，腳前掌點地，成右虛步；同時，右手持劍

圖 30

圖 30附圖

圖 31

圖 32

回抽，劍把收於左肋旁，手心向內，劍尖斜向上；左劍指落於劍把上；眼看劍尖（圖—32及附圖）。

要點：

(1)抽劍是立劍由前向後划弧抽回，力點沿劍刃滑動。做本式上抽劍時，右手手心先翻轉向上將劍略向上提，隨後由體前向後划弧收至左肋旁，避免將劍直線抽回。

(2)左腳後落的步幅不要過小，重心前後移動要充分，兩腿虛實要分明。

(3)定式時，兩臂撐圓合抱，上體左轉，劍尖斜

圖 32附圖

向右上方。同時頭向右扭轉，兩肩要鬆沈，劍把與左肋相距約十公分，不可緊貼身體。

(8) 獨立上刺（宿鳥投林）

1. 轉體墊步：身體微向右轉，面向前方，右腳稍向前墊步；同時，右手轉至腹前，手心向上，劍尖斜向上；左劍指附於右腕部；眼看劍尖（圖—33）。

要點：

圖 33

圖 34

身體轉正；墊步的步幅不超過一腳長。

2. 提膝上刺：重心前移，左腿屈膝提起；同時，右手持劍向前上方刺出（手心向上），力貫劍尖，高與頭平；左劍指仍附在右腕部；眼看劍尖（圖—34）。

要點：

(1)上刺劍時，手與肩同高，兩臂微屈。

(2)乘上刺之勢，上體可微向前傾，不要聳肩、駝背。左膝提於身體側前方。

第二組

(9)虛步下截（烏龍擺尾）

1. 轉體擺劍：左腳向左後方落步，隨即重心左移，身體左轉，同時右手持劍隨轉體向左

圖 35

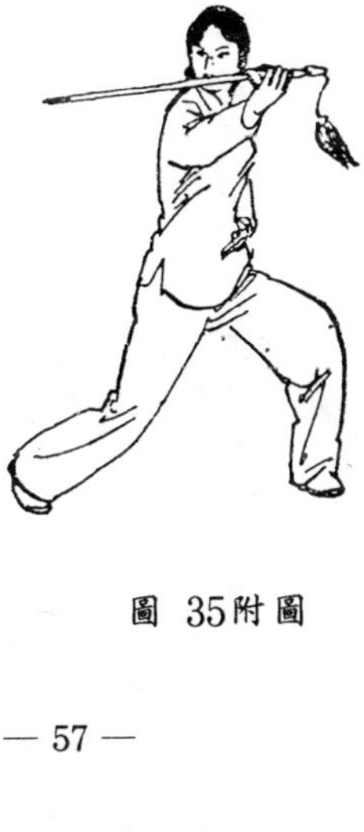

圖 35附圖

平擺；劍指翻轉下落於左腰間；眼看劍尖（圖—35及附圖）。

要點：

⑴左腳不要直向後落步。

⑵左轉體時，左腿屈弓，右腳跟外展，右腿自然蹬直，成左側弓步；右手持劍隨轉體平擺於體前，與頭同高，手心向上，劍尖指向右側。

2.虛步下截：上體右轉，右腳微向內收，腳尖點地，成右虛步；同時，右手持劍隨轉體旋臂翻腕（手心向下）經體前向右、向下截按，劍尖略下垂，高與膝平；左劍指向左、向上繞舉於左上方（掌心斜向上）；眼平視右前方（圖—36）。

要點：

⑴截劍是用劍刃中段或前端截擊對方，多用於橫斷攔截，側攻旁擊，力在劍刃。做本式下截劍時，主要用轉體揮臂來帶動劍向右下方截出。身、劍、手、腳要協調一致。定式時，右臂半屈後引，劍身置於身體右側。

⑵右虛步的方向是東偏北約30度；轉頭目視的方向是東南約45度。虛步時，兩腳的橫向距離不超

圖 36

過十公分，但也要防止橫距過小，甚至兩腳左右交錯。

⑽左弓步刺（青龍出水）

1.退步提劍：右手持劍向體前提起，高與胸平，劍尖指向左前方約30度；左劍指落於右腕部；同時右腳起後退一步；眼看劍尖（圖—37）。

要點：

右手持劍上提，不要做成刺劍。

2.轉體撤劍：重心右移，身體右轉；同時，右手持劍經頭前後抽，手心翻轉向外；左劍指仍附於右腕隨劍一起回撤；眼看劍尖（圖—38）。

要點：

⑴右手持劍回撤時，前臂內旋，手心轉向外；同時應控制劍尖不要外擺。

⑵左腳腳跟向外蹬轉，體重大部落於右腿，上體保持正直。

3.收腳收劍：身體左轉，左腳收至右腳內側（腳尖不點地）；同時，右手持劍隨轉體向下卷收於右腰側；左劍指亦隨之翻轉收至腹前，兩掌心均向上；眼轉看左前方（圖—39）。

要點：

右手持劍向下卷收時，前臂外旋，使手心轉向上；同時仍要控制住劍身，使劍尖指向將

圖 37

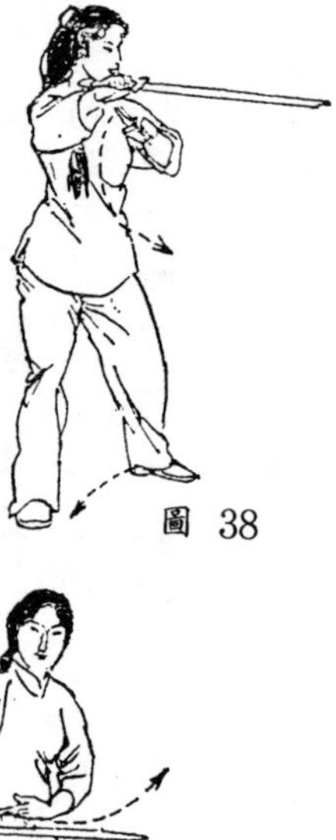

圖 38

圖 39

要刺出的方向。

4.弓步平刺：左腳向左前方邁出，腳跟著地，隨之重心前移成左弓步；同時上體左轉，右手持劍從右腰間向左前方刺出，手心向上，力注劍尖；左劍指向左、向上繞至左上方，手心斜向上，臂要撐圓；眼看劍尖（圖—40、—41）。

要點：

(1)弓步的方向為中線偏左（東偏北）約30度；弓步時注意不要搶步，兩腳的橫向距離約為30公分；上體正直，鬆腰鬆胯。

(2)刺劍時，劍尖與胸同高，劍與臂成一直線。

(3)全部過程要在轉腰的帶動下，做得圓活、連貫自然。

⑾轉身斜帶（風卷荷葉）

1.扣腳收劍：重心後移，左腳尖內扣，上體右轉；同時右手持劍屈臂後收，橫置胸前，手心向上；左劍指落在右腕部；眼看劍尖（圖—42）。

要點：

左腳尖要儘量裡扣；兩肩要鬆沈，兩手收於右胸前。

2.提腳轉體：重心再移至左腿上；右腳提起，貼在左小腿內側；劍向左前方伸送；眼看劍尖（圖—43）。

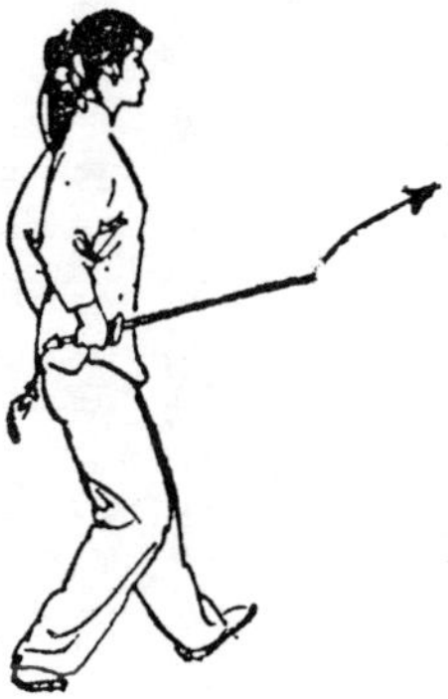

圖 40

圖 41

要點：

提收右腳時不要做成獨立步。

3.弓步右帶：身體右後轉，右腳向右前方邁出，成右弓步；同時右手持劍內旋翻轉，手心向下，向右平帶（劍尖略高），力在劍刃；左劍指仍附於右腕部；眼看劍尖（圖—44、—45）。

要點：

(1)弓步的方向為中線偏右（西偏北）約30度，即身體從上式的「左弓步」到本式的「右弓步」約轉二四○度。

圖 42

圖 43

圖 44

圖 45

⑵斜帶是指劍的走向。動作要領同「平帶劍」。

⑿縮身斜帶（獅子搖頭）

1. 提腳收劍：左腳提起收至右腳內側（腳尖不點地）；同時右手持劍微收，左劍指仍附於右腕部；眼看前方（圖—46）。

要點：

收劍時上體正直，稍向右轉。

2. 撤步送劍：左腳後撤仍落於原位；右手持劍向前伸送；左劍指屈腕經左肋反插，向身後穿出；眼看劍尖（圖—47）。

要點：

上體略向前探，送劍方向與弓步方向相同。

3. 丁步左帶：重心移向左腿，右腳隨之收到左腳內側，腳尖點地成丁步；同時，右手翻轉，手心向上，將劍向左平帶（劍尖略高），力在劍刃；左劍指向上、向前繞行划弧落於右腕部，眼看劍尖（圖—48）。

要點：

圖 46

圖 47

圖 48

收腳帶劍時，身體向左轉，重心坐於左腿；要保持上體正直，鬆腰鬆胯，臀部不外凸。

⒀提膝捧劍（虎抱頭）

1.虛步分劍：右腳後退一步，重心後移，左腳微後撤，腳尖著地成虛步；同時兩手向前伸送，再向兩側分開，手心都向下，劍斜置於體右側，劍尖向前；眼看前方（圖—49、—50）。

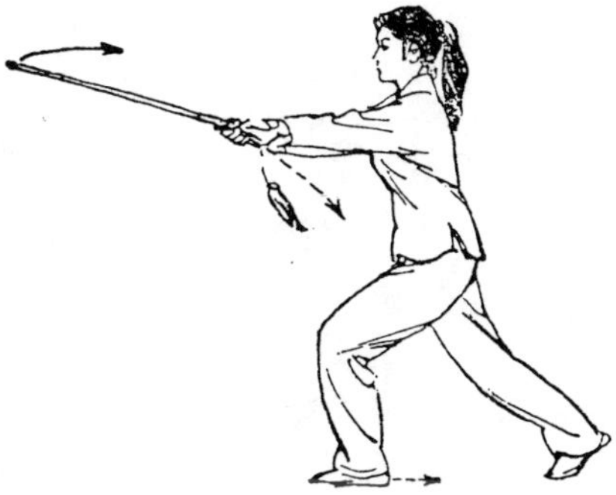

圖 49

圖 50

要點：

⑴本式正面圖可參看圖113。兩手向左右分開後，劍尖仍位於體前中線附近，劍尖略高。

(2)右腳退步要略偏向右後方，上體轉向前方。

2.提膝捧劍：左腳略向前墊步，右膝向前提起成獨立步；同時右手持劍翻轉向體前划弧擺送，左劍指變掌也擺向體前，捧托在右手背下面；兩臂微屈；劍身直向前方，劍尖略高；眼看前方（圖—51、—52）。

圖 51

圖 52

要點：兩手向體前擺送要走孤線，先微向外，再向內在胸前相合。捧劍時，兩臂微屈，劍把與胸部同高。

⒁跳步平刺（野馬跳澗）

1.落腳收劍：右腳前落，腳跟著地；兩手捧劍微向下、向後收至腹前；眼看前方（圖—53）。

要點：右腳落地不可過遠，上體不可前俯。

圖 53

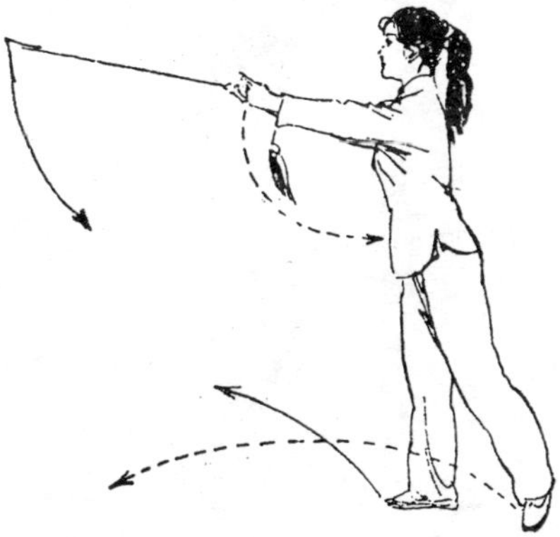

圖 54

2.捧劍前刺：重心移至右腿，蹬腿送髖，左腳離地；同時兩手捧劍向前伸刺；眼看前方（圖—54）。

要點：刺劍時高與胸平，劍尖略高。

3.跳步分劍：右腳蹬地，左腳隨即前跨一步踏實，右腳在左腳將落地時迅速向左小腿內側收攏；同時兩手分撤至身體兩側，手心都向下，左手變劍指；眼看前方（圖—55）。

要點：

(1)向前跳步宜遠不宜高，動作應輕靈、柔和。

(2)左腳落地時腳尖微外撇；膝關節彎屈緩衝，重心穩定在左腿上。

4.弓步平刺：右腳向前上步，重心前移成右弓步；同時，右手持劍向前平刺（手心向上）；左劍指繞舉至額左上方，手心斜向上；眼看劍尖（圖—56、—57）。

要點：弓步為順弓步。鬆腰順肩，不可扭腰、歪胯。

圖 55

圖 56

圖 57

⒂左虛步撩（小魁星式）

1.收腳繞劍：重心後移，上體左轉，右腳收至左腳前，腳尖點地；同時，右手持劍隨轉體向上、向後划孤，劍把落至左腰間，劍尖斜向上，左劍指落於右腕部；眼看左側（圖—58）。

要點：

劍向後繞時，轉體要充分，眼神要隨著向左轉視。繞劍應靠近身體；同時右前臂內旋，手心轉向裡。

2. 墊步繞劍：上體微右轉，右腳向前墊步，腳尖外撇；同時右手持劍向下繞至腹前，劍身斜置在身體左側；左劍指貼隨右腕繞轉；眼平視前方（圖—59）。

圖 58

圖 59

要點：

劍貼近身體，劍尖指向後下方，不可觸地。

3. 虛步左撩：上體繼續右轉，重心前移至右腿，左腳進步，成左虛步；同時右手持劍立劍向前撩出，手心向外，停於右額前，劍尖略低；左劍指仍附於右腕部；眼看劍尖（圖—60）。

圖 60

要點：

(1)撩劍是反手立劍由下向前、向上撩起，劍刃的前端著力。做本式的左撩劍時，先使劍沿著身體左側繞立圓，再向前上方撩出。劍運行的路線，一要貼身，二要立圓。同時右前臂內旋，右手心轉向外，虎口朝下，活握劍把，力達於劍的前端。

(2)整個撩劍的動作要在身體左旋右轉的帶動下完成，要協調完整，連貫圓活。

(3)不要做成舉劍攔架的動作。

(16)右弓步撩（海底撈月）

1.轉體繞劍：身體右轉，同時右手持劍向後划圓回繞，劍身豎立在身體右側，手心向外，左劍指隨劍繞行收於右肩前；眼看劍尖（圖—61）。

要點：劍向後回繞時，身體和眼神要向右轉視東北方，轉體要充分。

2.墊步繞劍：身體微左轉，左腳向前墊步，腳尖外撇；同時右手持劍向下繞，劍把落至右胯旁，手心向外，劍尖朝後，左劍指落至左腹前，手心向上；眼隨劍走（圖—62）。

要點：

持劍手要活握劍把，劍尖下要觸地。

3.弓步右撩：身體繼續左轉，右腳前進一步，重心前移成右弓步；同時右手持劍由下向前反手立劍撩出，手心向外，高與肩平，劍尖略低；左劍指繼續向上繞至額左上方，手心斜向上；眼看前方（圖—63）。

圖 61

圖 62

要點：

同前述左撩劍。

第三組

⒄轉身回抽（射雁式）

1.轉體收劍：身體左轉，左腿屈膝，重心左移，右腳尖稍內扣；同時右臂屈肘將劍收到體前，與肩同高，劍身平直，劍尖向右，左劍指落於右腕上；眼看劍尖（圖—64）。

要點：

收劍時主要用拇指、食指和虎口著力握劍，其餘三指鬆握，劍身才能平直。

2.弓步劈劍：身體繼續左轉，左腳尖外撇，右腿自然蹬直成弓步；同時右手持劍向左前方劈下；眼看劍尖（圖—65）。

要點：

弓步的方向和劈劍的方向皆為中線偏右（東偏南）約30度。

3.後坐抽劍：重心移向右腿，右膝彎屈；同時右手持劍抽至右胯側，左劍指隨右手後收

圖 63

；眼看右下方（圖—66）。

要點：

抽劍的同時上體右轉。

4. 虛步前指：上體稍向左轉，左腳撤半步，成左虛步；同時右手抽至右胯後，劍斜置於身體右側，劍尖略低；左劍指經下頦前向前指出，高與眼齊；眼看劍指（圖—67）。

要點：

⑴劍指向前指出，左腳點地成虛步，上體向左回轉，三者要一致協調。

圖 64

圖 65

⑵虛步的方向和劍指所指的方向為中線偏右（東偏南）約30度。

⑶做本式下抽劍時，要立劍向下、向後走弧線抽回，下劍刃著力。定式時，劍身置於右側，劍把抽至胯後，右臂微屈。

圖 66

圖 67

⒅併步平刺（白猿獻果）

1.轉體移步：左腳略向左移，身體左轉；同時左劍指內旋並向左划弧；眼看前方（圖—68）。

要點：

左腳移步時，腳尖轉向正前方。

2. 併步平刺：右腳向左腳併步，同時右手持劍外旋翻轉，經腰間向前平刺；左劍指收經腰間翻轉變掌捧托在右手下，手心均向上，眼看前方（圖—69）。

要點：

(1) 捧劍時左手也可保持劍指姿勢。

(2) 刺劍和併步要協調一致；劍刺出後兩臂要微屈，兩肩要鬆沈。

圖 68

圖 69

⒆ 左弓步攔（迎風撣塵）

1. 轉體繞劍：右腳尖外撇，左腳跟外展，身體右轉，兩腿屈蹲；右手持劍，手心轉朝外，隨轉體由前向上、向右繞轉，左手變劍指附於右腕部，隨右手繞轉；眼看右後方（圖—70）。

要點：

圖 70

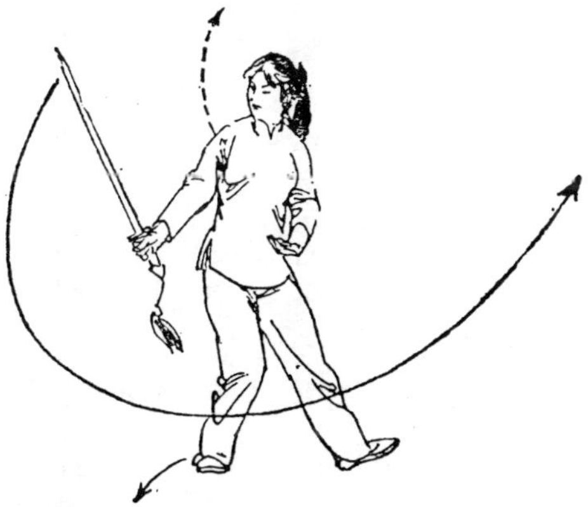

圖 71

轉體時，待重心落於右腿，左腳跟再提起。

2.上步繞劍：左腳向左前方上步，腳跟著地；右手持劍繼續向後繞轉，左劍指翻轉收於腹前；眼看右後方（圖—71）。

要點：

繞劍時以劍把領先，轉腰揮臂，劍貼近身體走成立圓。

3.弓步攔劍：身體左轉，重心前移，成左弓步；同時右手持劍由右後方向下、向左前上方攔架，力在劍刃，劍與頭平，劍尖略低，右臂外旋，手心斜向內；同時左劍指向左上繞舉於額左上方；眼看劍尖（圖—72）。

要點：

⑴攔劍是反手用劍下刃由下向前上方攔架，力在劍刃。做本式的攔劍時，劍要在體右側隨身體右旋左轉，貼身繞一完整的立圓，注意不要使劍尖觸地或遠離身體。

⑵劍攔出後，右手位於左額前方，劍尖位於中線附近。

⑶弓步方向為東偏北約30度。

圖 72

⒇右弓步攔（迎風撣塵）

1.撇腳繞劍：重心略後移，左腳尖外撇，身體微左轉；同時右手持劍上舉，開始向左後方回繞；眼看右手（圖—73）。

2.收腳繞劍：身體繼續左轉，右腳收至左腳內側（腳尖不點地）；同時右手持劍在身體左側向上、向後、向下划立圓繞至左肋前，劍身貼近身體；左劍指落於右腕部；眼隨劍向左後看（圖—74）。

圖 73

圖 74

3.弓步攔劍：身體右轉，右腳向右前方邁出一步，重心前移成右弓步；同時右手持劍經下划弧向前上方攔出，手心向外，高與頭平，劍尖略低，劍身斜向內；左劍指附於右腕部；眼看前方（圖—75、—76）。

要點：

與前式相同，只是左右相反，弓步方向為東偏南約30度。

圖 75

圖 76

⑵1 左弓步攔（迎風撣塵）

1.撇腳繞劍：重心略後移，右腳尖外撇，身體微右轉；同時右手持劍上舉，開始向右後方回繞；左劍指仍附於右腕部；眼看前方（圖—77）。

2.收腳繞劍：身體繼續右轉，左腳收至右腳內側（腳尖不點地）；同時右手持劍在身體右側向上、向後、向下划立圓繞至右胯旁，劍身斜立在身體右側；左劍指繞至右胸前；眼隨

圖 77

圖 78

劍走，轉看右後方（圖—78）。

3.弓步攔劍：身體左轉，左腳向左前方邁出一步，重心前移成左弓步；同時右手持劍揮臂划弧向前上方攔出，手心斜向內，高與頭平，劍尖略低，劍身斜向內；左劍指經腰間向左、向上划弧，停於額左上方，手心斜向上；眼看前方（圖—79、—80）。

要點：

參看「左弓步攔」。

圖 79

圖 80

⑵進步反刺（順水推舟）

1.上步收劍：右腳向前上步，腳尖外撇，上體微右轉；同時，右手向下屈腕收劍，劍把落在胸前，劍尖轉向下，左劍指也落在右腕部；眼看劍尖（圖—81）。

要點：

⑴上步後身體重心仍主要在左腿上。

⑵右手持劍向胸前收落時，屈腕落肘，手心斜向外，拳眼斜向下，右上臂靠近右肋，活把握劍，劍尖向後下方，劍身斜置於身體右側。

2.轉體後刺：身體繼續右轉，兩腿交叉屈膝半蹲，重心略偏於前腿，左腳跟離地，成半坐盤姿勢；右手持劍向後立劍平刺，手心向體前（起勢方向）；左劍指向前指出，手心向下，兩臂伸平；眼看劍尖（圖—82）。

要點：

⑴半坐盤時，要轉體屈膝，重心略前移，同時右腳橫置，全腳著地，左膝抵近右膝後窩；上體保持正直。

⑵向後刺劍時，劍身應貼近身體經右腰間向後直刺，劍與右臂成一直線。配合左劍指向前指，兩臂前後展平。

3.弓步反刺：劍尖上挑，上體左轉，左腳前進一步成左弓步；同時右臂屈收，經頭側向前反手立劍刺出，手心向外，與頭同高，劍尖略低；左劍指收於右腕部；眼看劍尖（圖—83、—84、—85）。

要點：

圖 81

圖 82

圖 83

圖 84

圖 85

⑴反刺劍時，右臂、肘、腕皆先屈後伸，使劍由後向前刺出，力達劍尖。右手位於頭前稍偏右，劍尖位於中線，與面部同高。右臂與劍成一小折線。

⑵弓步朝正東，兩腳的橫向距離約30公分；鬆腰鬆胯，上體正直；不可做成側弓步。

㉓反身回劈（流星趕月）

1. 轉體收劍：右腿屈膝，左腳尖內扣，上體右轉；同時劍收至面前，劍指仍附於右腕；

眼看劍尖（圖—86）。

要點：左腳尖要儘量內扣，為下一動做好準備。

2.提腳舉劍：上體繼續右轉，重心再移至左腿，右腳提起收至左小腿內側；同時右手持劍上舉，左劍指落至腹前；眼看左前方（圖—87）。

要點：右腳提收後不要做成獨立步。

3.弓步劈劍：右腳向右前方邁步，重心前移成右弓步；同時，右手持劍隨轉體向右前方劈下；左劍指繞至額左上方，手心斜向上，眼看劍尖（圖—88、—89）。

圖 86

圖 87

圖 88

圖 89

要點：

(1)弓步和劈劍的方向是中線偏右（西偏北）約30度。

(2)劍要劈平，劍身與臂成一條線，力在劍刃中段。

(3)劈劍和弓步要協調一致，同時完成。

(24)虛步點劍（天馬行空）

1.落指收腳：左腳收至右腳內側（腳尖不點地），同時劍指落到右臂內側，眼看劍尖（圖—90）。

2. 轉體舉劍：上體左轉，左腳向起勢方向上步，腳尖外撇；同時右臂外旋，划弧上舉，劍尖指向體後；左劍指經體前落至腹前，手心向上；眼看起勢方向（圖—91）。

圖 90

圖 91

要點：舉劍時，右手略高於頭，劍身斜向後下方，劍刃不要觸身。

3. 虛步點劍：右腳上步落在左腳前，腳尖點地，成右虛步；同時，右手持劍向前下方點出，展臂提腕，力注劍尖；左劍指經左側向上繞行，在體前與右手相合，附於腕部；眼看劍尖（圖—92、—93）。

要點：

圖 92

圖 93

⑴虛步和點劍的方向與起勢方向相同。

⑵點劍時要活握劍把，腕部上提。本式點劍時右臂先向下沈落，再伸臂提腕，高與肩平；點劍與右腳落地協調一致，同時完成；身體保持正直。

第四組

㉕獨立平托（挑帘式）

1.插步繞劍：右腳經左腳後向左插步，腳前掌著地，兩腿屈膝半蹲；同時右手外旋持劍在體前由右向上、向左繞環，劍把落在左腰前，手心向裡，劍身置於體左側，劍尖斜向左上方；左劍指附於右腕隨右手環繞；眼看劍尖（圖—94、—95）。

要點：

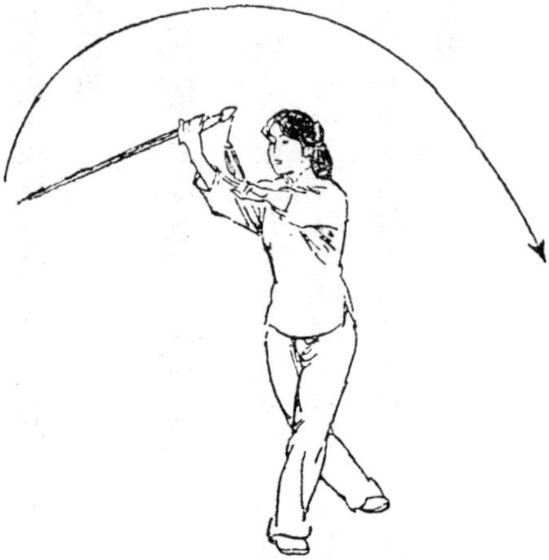

圖 94

圖 95

繞劍要與向左插步同時進行；上體保持正直，並微向左轉。

2.提膝托劍：以兩腳掌為軸，向右轉至面向正西，隨之左膝提起成右獨立步；同時右手持劍繞經體前向上托架，劍身平，稍高於頭，左劍指附於右臂內側；眼看前方（圖—96、97）。

要點：

托劍是劍下刃著力，劍由下向上托架。做本式平托劍時，右手要活把握劍，手心向外，舉於頭側上方；劍身放平，劍尖朝前。

圖 96

圖 97

㉖弓步掛劈（左車輪劍）

1. 轉體掛劍：左腳向前橫落，身體左轉，兩腿交叉成半坐盤勢，右腳跟離地；同時右手持劍經體左側向後掛，劍尖向後；左劍指附於右腕部；眼看劍尖（圖—98）。

要點：

⑴掛劍是用劍尖由前經體側向後勾掛，用以格開對方進攻。做本式左掛劍時，腕部先屈，使劍尖轉向下，隨轉體，右臂向下、向後擺動，虎口向後，劍尖領先，劍身貼近體左側向後掛，劍的運行路線成立圓。

(2)掛劍時轉體要充分，上體要正直、自然。

2.弓步劈劍：身體右轉，右腳前進一步，重心前移成右弓步，同時，右手持劍翻腕上舉向前劈下，劍身要平，與肩同高；左劍指經左後方繞至頭左上方；眼向前看（圖—99、—100）。

圖 98

圖 99

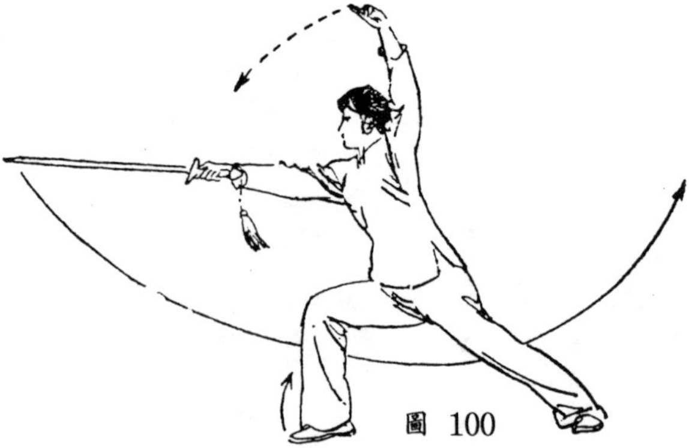
圖 100

圖 101　　圖 102

要點：

弓步和劈劍的方向皆為正西。

⑵⑺ 虛步掄劈（右車輪劍）

1. 轉體掄劍：身體右轉，右腳尖外撇，右腿屈弓，左腳跟離地成叉步；同時右手持劍經右向下向後反手掄擺，左劍指落於右肩前，手心向下；眼看劍尖（圖—101）。

要點：

⑴ 轉體時，重心先後坐，右腳外撇，重心再前移成交叉步。

⑵ 向後掄劍時，右臂內旋，活握劍把，劍在身後反手掄直，劍尖向後，劍貼近身體向後劃弧，劍尖不要觸地。

2. 上步舉劍：身體左轉，左腳向前上步，腳尖外撇；同時右手持劍翻臂掄舉至頭側上方，左劍指落經腹前翻轉劃弧側舉；眼看前方（圖—102）。

要點：

右手掄劍上舉時，右臂不要伸直，劍把稍高於頭，劍尖略低，指向身後，不可觸及身體。

3.虛步劈劍：右腳上步，腳尖著地成右虛步；同時右手持劍向前下掄劈，劍尖與膝同高，劍與右臂成一條斜線；左劍指向上划圓再落於右前臂內側；眼看前下方（圖—103）。

圖 103

要點：

(1)掄劈劍時，右手持劍先沿身體右側掄繞一個立圓。再順勢向前下劈劍，力點仍為劍刃中部。

(2)整個動作完整連貫，不可分割、停頓。不要把第一動做成後撩劍，應處理為立圓掄繞的一部分。

(3)下劈劍時劍身與右臂保持一條直線，不要做成點劍。

(28)撤步反擊（大鵬展翅）

1.提腳合劍：上體微右轉，右腳提起收至左小腿內側；同時右臂外旋，手心斜向上，同左劍指一起略向回收；眼看劍尖（圖—104）。

圖 104

2. 撤步擊劍：右腳向右後方撤一步，隨之重心右移，上體右轉，左腳跟外展，左腿自然蹬直成右側弓步（橫襠步）；同時，右手持劍向右後上方反擊，力在劍刃前端，劍尖斜向上，高與頭平；左劍指向左下方分開，高與腰平，手心向下；眼看劍尖（圖—105）。

要點：

⑴撤步和擊劍的方向為東北方。撤步時，右腳掌先著地，隨重心右移，右腿屈弓，右腳踏實，左腳外展、左腿蹬直成側弓步。

⑵擊劍是用劍的前端向左（右）敲擊，力注劍端，向左為正擊，向右為反擊。做本式反擊劍時，要在向右轉體的帶動下，將劍向右上方擊打，右臂、肘、腕先屈後伸，使力達劍前端，左劍指向左下方對稱展開。

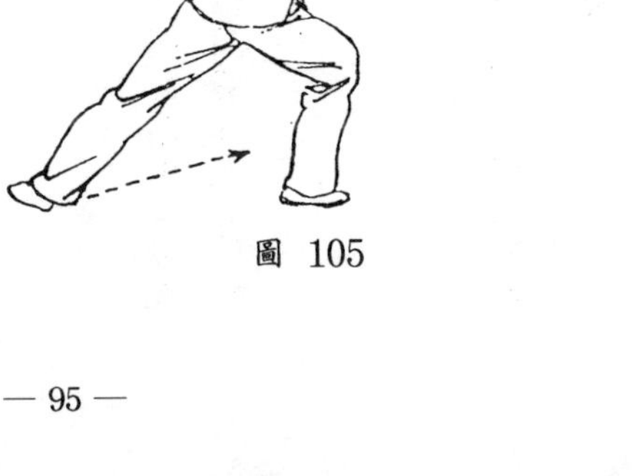

圖 105

(29) 進步平刺（黃蜂入洞）

1. 提腳橫劍：身體先微向左轉，再向右轉，左腳提起收於右小腿內側；同時右手持劍先向左擺，再翻掌向右領帶，將劍橫置於右胸前，劍尖向左；左劍指向上繞經面前落在右肩前，手心向下；眼看右前方（圖—106）。

要點：

以腰帶臂，以臂領劍，劍走平弧；提腳、橫劍與劍指繞轉要同時完成。

2. 墊步收劍：身體左轉，左腳向前落步，腳尖外撇；同時右手持劍向下卷裹，收於腰側；左劍指亦隨之翻轉落於腹前；眼看前方（圖—107）。

圖 106

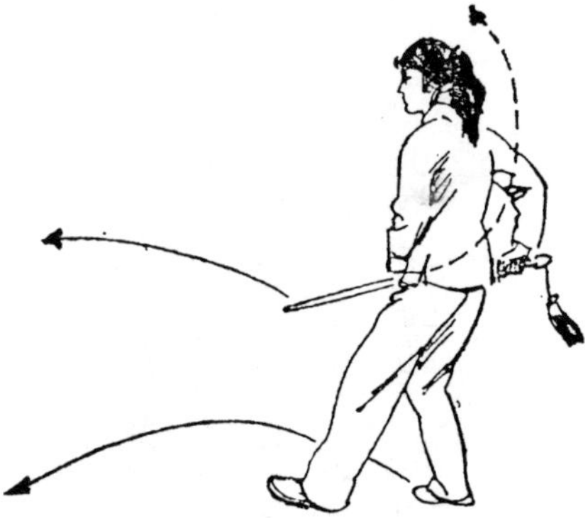

圖 107

要點：

劍卷落時，右臂外旋，手心轉向上，劍尖指向正前方。

3.弓步平刺：右腳上步，重心前移成右弓步；同時右手持劍向前刺出，高與胸平，手心向上；左劍指向左、向上繞至頭側上方；眼看劍尖（圖—108）。

圖 108

要點：

⑴上步時不要「掄步」。

⑵刺劍時轉腰順肩，上體正直，劍與右臂成直線。

⑶刺劍、弓腿和劍指動作要協調一致。

⑶⓪丁步回抽（懷中抱月）

重心後移，右腳撤至左腳內側，腳尖點地成右丁步；同時，右手持劍屈肘回抽，手心向內，置於左腹旁；劍身側立，劍尖斜向上；左劍指落於劍把之上；眼看劍尖（圖—109）。

要點：

抽劍時，右手先外旋，將劍把略向上提，隨即向後、向下收至腹旁，劍走弧線抽回。

(31) 旋轉平抹（風掃梅花）

圖 109

1. 擺步橫劍：右腳向前落步，腳尖外擺，上體稍右轉；同時右手翻掌向下，劍身橫置胸前；左劍指附於右腕部；眼看劍尖（圖—110）。

要點：

(1)上體轉至面向正西方。

(2)劍身橫置時，右手位於右胸前，劍尖略高；兩臂半屈成弧。

(3)擺腳與橫劍要同時到位。

2. 扣步抹劍：上體繼續右轉，左腳向右腳前扣步，兩腳尖相對成八字形；同時右手持劍隨轉體由右平抹；劍指仍附於右腕部；眼看劍身（圖—111）。

要點：

(1)身體轉至背向起勢方向。

(2)抹劍是以手領劍，使劍身橫平由一側向另一側平抹，力點沿劍刃滑動。做本式旋轉抹劍時，劍身橫置於胸前，用身體右轉帶劍向右平抹。

3. 虛步分劍：以左腳掌為軸向右後轉身，右腳隨轉體後撤一步，重心後移，左腳腳尖點

圖 110

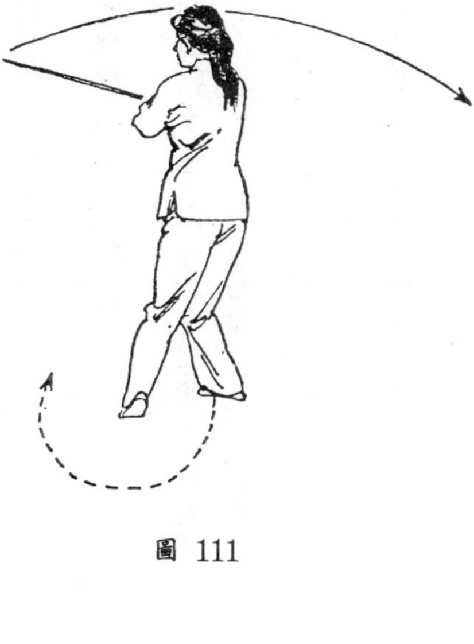
圖 111

地成左虛步；右手持劍在轉體撤步時繼續平抹，左劍指仍附於右腕部；在變虛步時，兩手左右分開，置於胯旁，手心都向下，劍身斜置於身體右側，劍尖位於體前；身體轉向起勢方向；眼看前方（圖—112、—113）。

要點：

(1)本式身體向右旋轉近一周，轉身要求平穩連貫、速度均勻；上體保持正直，不可低頭彎腰。

(2)擺步和扣步的腳都應落在中線附近，步幅不超過肩寬。特別是扣步時，不可掃腿遠落

圖 112

圖 113

，也不要跨越中線過多，致使收勢回不到原位。

(3)撤步要借身體向右旋轉之勢，以左腳掌為軸，使身體轉向南方。

(4)擺步時腳跟先著地，扣步時腳掌先著地，撤步也是右腳掌先著地。

(32)弓步直刺（指南針）

左腳提起向前落步，重心前移成左弓步；同時右手持劍收經腰間，立劍向前刺出，高與胸平；左劍指附在右腕部；眼看前方（圖—114）。

圖 114

要點：

(1)左腳提起收至右腳內側後再向前邁出。

圖 115

圖 116

(2)左劍指先收至腰間，再附於右腕一齊將劍刺出。

收勢：

1. 後坐接劍：重心後移，上體右轉；同時右手持劍屈臂後引至右側，手心向內；左劍指隨右手屈臂回收，並變掌附於劍柄，準備接劍；眼看劍柄（圖—115）。

要點：

接劍時，左掌心向外，拇指向下，與右手相對；兩肘與肩同高，兩肩注意鬆沈。

2. 跟步收勢：身體左轉，重心前移，右腳向前跟步，與左腳平行成開立步；同時左手接劍上舉，經體前垂落於身體左側，右手變成劍指向下、向後劃弧上舉，再向前、向下落於身體右側；眼看前方（圖—116、—117）。

要點：

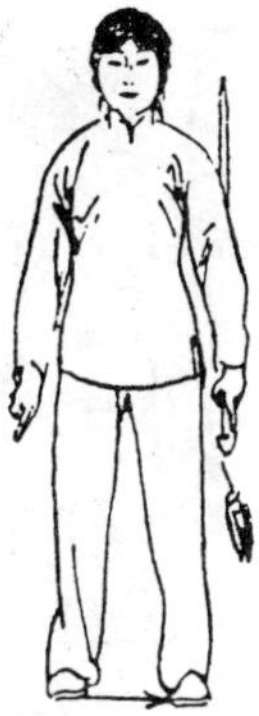

圖 117

圖 118

換握劍後，左手持劍劃弧下落與重心前移要協調一致；右劍指劃弧下落與右腳跟進半步要協調一致。

3.併步還原：左腳向右腳併攏，還原成預備式姿勢（圖—118）。

要點：

⑴同「預備式」。

⑵稍平靜一下再走動放鬆。

第三章

武當太極劍

一、武當太極劍簡介

武當太極劍是我國武術名家李天驥老先生在傳統太極劍和武當劍的基礎上，融化改編的劍術套路。它既有太極劍輕鬆柔和、綿綿不斷、意領身隨的特點，又有武當劍優美瀟洒、靈活多變、身劍合一的特色。練起來行如游龍，穩如山岳，動靜相間，有剛有柔，氣勢連貫，錯落有序。曾在一九八二、一九八三年全國武術觀摩交流大會上，由其女李德芳表演，兩次獲得優秀金獎。

武當劍以走、變、快、靈為特色，素有「太極腰、八卦步」的贊譽，是我國著名的劍術套路。它根據太極、八卦變易之理，強調劍無成法，因敵變化，後發先至，避靑入紅。主張「用劍之要訣全在觀變，彼微動，我先動；動則變，變則著」，「隨時變易，乃從天道也」。相傳，武當劍為武當山丹士張三豐所創。淸末道人張野鶴將此劍傳於遼寧宋唯一，經近代武當劍大師李景林發展，創造了武當太極對劍，享譽武林，名聞遐邇。

我的叔父李天驥先生，三十年代初從李景林學習武當劍，又在我爺爺的指導下練習孫式、楊式太極拳。幾十年來，他專門從事武術和太極拳的教學、教練和研究整理工作，頗有貢獻，曾擔任新中國第一任國家武術集訓隊教練，並被中國武術協會授予「新中國武術工作開拓者」的獎勵。

武當太極劍內容豐富，身法、步法、劍法靈活多變，技巧性、藝術性都很高，需要有一定的武術和太極劍基礎才能協調自如地掌握。通過這個套路的練習，將會有效地幫助人們進一步提高太極劍水平，加深對劍術的理解和修養。

二、武當太極劍動作名稱

(1)起勢
(2)丁步點劍
(3)回身點劍
(4)僕步橫掃
(5)右左平帶
(6)分腳領劍
(7)叉步反撩
(8)馬步雲抱
(9)丁步截劍
(10)翻身崩劍
(11)弓步下刺
(12)獨立上刺
(13)僕步穿劍
(14)蹬腳前刺
(15)跳步平刺
(16)轉身平刺
(17)行步穿劍
(18)行步扣劍

(19)弓步下刺
(20)騰空跳刺
(21)馬步藏劍
(22)回身反刺
(23)虛步崩劍
(24)獨立上刺
(25)撤步平斬
(26)仰身架劍
(27)轉身回抽
(28)併步平刺
(29)行步撩劍
(30)仰身撩劍
(31)蓋步按劍
(32)跳步下刺
(33)歇步壓劍
(34)虛步點劍
(35)獨立托架
(36)弓步掛劈
(37)歇步後刺
(38)叉步平斬
(39)虛步抱劍
(40)叉步平帶
(41)弓步反崩
(42)提膝點劍
(43)叉步反撩
(44)丁步刺劍
(45)丁步抱劍
(46)行步穿劍
(47)扣劍平抹
(48)併步平刺
(49)收勢還原

三、武當太極劍動作圖解

預備式：

併步站立，假設面向正南。兩臂自然垂於體側。左手持劍於左臂後，劍尖朝上，右手成劍指。目視前方（圖1）。

要點：

頭頸正直、上體自然放鬆；劍身貼左前臂，不要使劍刃觸及身體。

圖 1

圖 2

(1) 起勢

1.左腳向身體左側分開半步。目視前方（圖2）。

2.兩臂慢慢向前平舉，高與肩平，手心向下。目視前方（圖3）。

3.上體微向右轉，重心移至右腿；左腳跟自然提起。同時右臂外旋收至腰間；左手擺至右前上方。目視左手（圖4）。

4.右腿屈膝下蹲，左腳收至右腳內側，腳尖點地。同時右手向前、向上擺至右前上方，手心向上；左手收至右肩前，手心向下。目視右手（圖5）。

5.上體左轉，左腳向前（正東）邁步，右腿自然伸直成左弓步。同時左手持劍向下、向前經體前擺至左髖旁，劍直立貼於左臂後；右手經耳旁向前指出。目視前方（圖6）。

圖 3

圖 4

圖 5

圖 6

要點：

1.兩臂上舉時，不要僵直用力，兩臂與肩同寬，不要聳肩。

2.邁出時，上體左轉，腰部自然放鬆，正直。右臂不可完全伸直；左手持劍直立於體側，劍刃不可觸及身體。

(2) 丁步點劍

1.身體右轉，右腳向前上步，腳尖外展，兩腿屈膝半蹲。左手持劍屈肘上提，經右前臂上向前穿出，手心向下；右臂外旋，手心轉向上，並向下、向右後擺。目視右手（圖7）。

圖 7

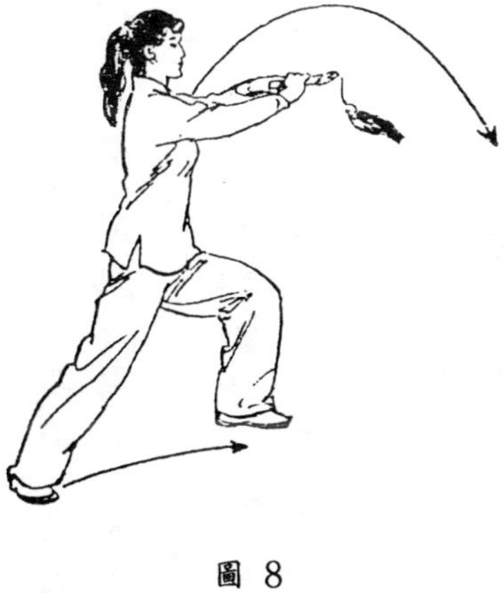

圖 8

2.左腳向前上步，右腿自然伸直成左弓步。同時右劍指經頭右側向前擺至劍柄上，準備接劍。目視前方（圖8）。

3.重心前移，右腳收至左腳旁，腳尖點地。同時右手接劍向上、向前、向下點啄；左劍指扶於右腕部。目視前下方（圖9）。

圖 9

要點：

1.併步和點劍要同時完成。上體正直，臂與肩平，身體保持半蹲姿勢。

2.點劍時劍尖由上而下點啄，腕部用力，力注劍尖。

(3) 回身點劍

1.右腳向右後方撤步，腳尖點地。同時右臂內旋，右手持劍上舉；左劍指收於腰間。目視前方（圖10）。

2.重心右移，右腿直立；左腿屈膝提起，收於體前，腳面繃平內扣。同時右手持劍經頭上向右後下方點啄；左劍指擺至左上方。目視劍尖（圖11）。

圖 10

圖 11

要點：

撤步與舉劍同時，提膝與點劍同時。整個動作協調一致，提膝腿儘量上提，大腿貼近胸部。點劍時上體稍向前傾。

(4) 僕步橫掃

1. 左腳向左後方落步；右腿屈膝下蹲成僕步。同時左臂外旋，左劍指經腰左側隨臂內旋向後反穿；隨之右手持劍略向下沈腕並外旋。目視劍尖（圖12）。

2.上體左轉，左腳尖外撇；右腳尖內扣，左腿屈膝前弓成左弓步，同時右手持劍向上、向左橫掃，手心向上，停於身體左前方；左劍指經左後方擺至身體左上方。目視劍尖（圖13）。

圖 12

圖 13

要點：

1.掃劍時要經過僕步，在轉腰的帶動下完成整個動作。

2.定式時弓步朝向斜前方，即正東偏北。右手停於左胸前，劍與弓步方向一致。頂頭、鬆肩、鬆腰。

3.右手握劍要鬆活，保持劍身穩定。

4.掃劍時劍刃要平，由右向左橫掃。

(5)右左平帶

1.右腳收至左腳內側，腳尖不點地。同時右手持劍略向回收，手心向上；左劍指下落至右腕內側。目視前方（圖14）。

2.右腳向右前方邁出，腳跟著地。同時右手持劍略向前引伸；左劍指貼右腕隨之前移。目視劍尖（圖15）。

圖 14

圖 15

3.重心前移至右腿，左腿自然伸直成右弓步。同時右臂內旋，右手劍向右、向後平帶。

隨帶劍，右手心翻轉向下；左劍指仍在右腕上。目視劍尖（圖16）。

4.左腳收至右腳內側，腳尖不點地。同時右手持劍略向回收；左劍指仍在右腕上。目視前方（圖17）。

圖 16

圖 17

5.左腳向左前方邁出，腳跟著地。同時右手持劍向前引伸；左臂外旋，劍指收至腰間。目視劍尖（圖18）。

6.左腿向前屈弓，右腿自然伸直成左弓步。同時右臂外旋，右手持劍向左、向後平帶，隨帶劍右手心逐漸向上；左劍指經左後方擺至左上方。目視劍尖（圖19）。

要點：

圖 18

圖 19

1.整個動作要在腰的轉動下完成，上下肢動作要配合協調。劍向左側回收時，腰向左轉；劍向右側回收時，腰向右轉。

2.定式時，弓步的方向分別為正東偏南和偏北。劍尖在中線附近，劍尖略高。

3.帶劍時劍刃由前向側後方平劍抽帶，力在劍刃。

(6)分腳領劍

1.上體後坐、左腳尖外撇。同時右手持劍略向上舉；左劍指略向後擺。目視劍尖（圖20）。

圖 20

圖 21

2.重心前移至左腿；右腳收至左腳內側，腳尖點地。同時右手持劍向上、向後、向下劃弧，劍把停於左肋前，劍尖斜向上；左劍指向下經腰間向右前上方穿出。目視劍尖（圖21）。

3.右腳向右前方邁出，腳跟著地，同時上體右轉，右手持劍下擺；左劍指繼續上穿，然後左臂內旋，劍指撐於身體左上方。目視右前方（圖22）。

4.重心前移至右腿，右腳尖外撇，右腿直立支撐，隨之左腿舉起，左腳向前慢慢舉起，腳面繃平。同時右手持劍繼續向前上方領擺，劍身平；左劍指向後、向下經下頦前向前指出，指尖向上。目視左劍指（圖23）。

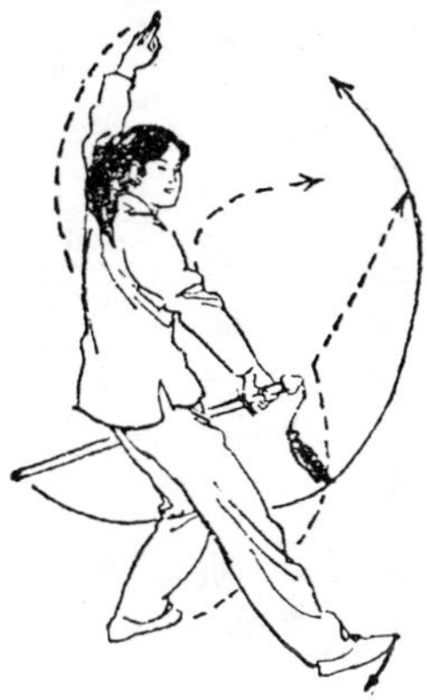

圖 22

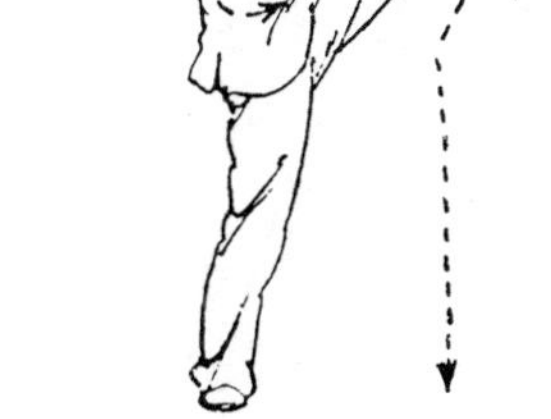

圖 23

要點：

1.雙方交叉擺動時，要分別走出一個圓形來，動作幅度要大、上下肢動作要一致。

2.定式時要直腰、頂頭、兩腿均要伸直，動作略停頓再做下一個動作。

3.舉腿前要將重心全部移至右腿，穩住以後再舉腿分腳。

(7)叉步反撩

1.左腳向前落步，腳跟著地。同時右手持劍向上、向後擺動；左劍指向上、向右經右肩前收至腹前。目視劍尖（圖24）。

2.右腳尖內扣向前上步。身體左轉，同時右手持劍向下、向前上方撩擺；左劍指收至腰間。目視劍尖方向（圖25）。

3.上動不停，左腳向右腳後插步。同時右手持劍向左、向下、向右上方反撩，手心向後；左劍指擺至身體左上方，手心向上。目視劍尖（圖26）。

圖 24

要點：

1.左腳下落和右手持劍向右擺動要同時；插步和反撩要同時。

2.叉步時上體略向前傾，並立腰向右扭轉，後腿要伸直。劍與臂成一斜線。

圖 25

圖 26

3.撩劍：用劍刃中部或前部著力，由下向上反手揮臂撩起。

(8)馬步雲抱

1.以腳掌為軸，身體向左後轉，隨之右腳跟後蹬成左側弓步。同時右手持劍隨身體左轉，向左平擺，手心向下；左劍指收至右前臂下方。目視劍尖（圖27）。

圖 27

2.上體後仰，兩手左右分開，右手持劍經面前平雲劃圓，停於左膝上方，心手向內、劍尖斜向上；左劍指向左側擺動，然後與右手抱於左腰前。隨之重心移向右腿，定式時重心左移成偏馬步。目視劍尖（圖28、29、30）。

要點：

1.雲劍時，上體要略向後仰，劍把始終在腰腹前。當劍擺至身體右側時，要將重心移至右腿，經過右側弓步，重心再向左移，劍向左擺動，手心向內，抱劍於腰間。

2.動作要在腰的帶動下完成，幅度要大，右手握劍要活。

圖 28

圖 29

圖 30

圖 31

3.定式時要立腰、坐胯、身體向左擰轉。

(9)丁步截劍

重心移至右腿，左腳收至右腳內側，腳尖點地成丁步。同時右手持劍下截，劍尖略低，停於身體左下方；左劍指收至右腕部，手心向下。目視劍尖（圖31）。

要點：

1.收腳要快，截劍要迅速。保持半蹲姿勢。

2.截劍是用劍刃中段或前段攔截。

圖32

(10)翻身崩劍

左腳向右腳右側上步，腳尖內扣，上體右轉。同時右手持劍由身體左下方向下、向左劃弧，然後向身體右側反崩；左劍指仍扶於右腕部。目視劍尖（圖32）。

要點：

1.扣步和崩劍要同時完成，身體略向後閃，右手握劍要活。

2.崩劍是用劍刃前端向右或向上崩彈，著力點在劍刃前端。

⑾弓步下刺

上體右轉，右腿隨之提起，然後向右前方下落，屈膝前弓成右弓步。同時右手持劍向右前下方刺出，劍與臂成一直線，左劍指仍扶於右腕部。目視劍尖（圖33、34）。

要點：

1.提腿時劍收至胸前，落步的同時向前刺出。弓步與刺劍的方向為正東偏南約30度。

圖 33

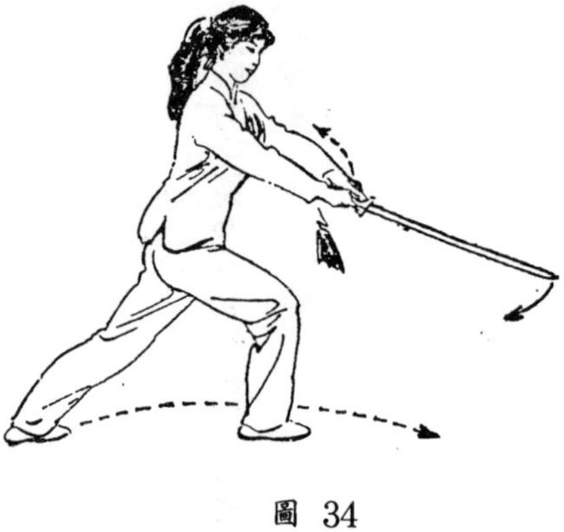

圖 34

2.刺劍是用劍尖由後向前伸刺。力注劍尖。

⑿獨立上刺

1.左腳向右腳前上步，腳尖外撇。同時兩手左右分開，手心均向下。目視右前方（圖35）。

2.右腳向左前方上步，隨之左腿屈膝提起，腳面繃平並內扣。同時右臂外旋，右手持劍經腰間向前上方刺出，劍尖略高；左劍指扶於右腕；目視劍尖（圖36）。

圖 35

圖 36

要點：

1.左、右腳上步時要走折線，方向從東南轉為東北約30度，整個動作要在腰的帶動下完成。

2.獨立時支撐腿自然伸直，上體可略向前傾。

⒀ 僕步穿劍

1.左腳向左後方撤步，上體左轉，右腿屈膝下蹲成左僕步。同時右臂內旋，右手持劍收至體前，順左腿向左穿出，最後右手翻轉向上，停於襠前；左劍指經腰間向後反插，再向左、向上劃弧，落於右腕上。目視左前方（圖37）。

圖 37

圖 38

2.左腳外撇，重心前移，右腳尖先內扣，再收至左腳前，腳尖點地成虛步。同時右手持劍前引，右臂外旋，左劍指向左、向前擺至右手下，雙手捧劍於體前，手心均向上，劍尖略高。目視劍尖（圖38）。

要點：

1.僕步和穿劍要同時完成。

2.僕步的方向為正西偏南。頂頭、立腰、鬆肩。

⒁蹬腳前刺

右腿屈膝提起，右腳向前蹬出，腳尖上勾，力在腳跟，高於腰部。劍略向後收引，再向前捧劍平刺，高與肩平。目視劍尖（圖39）。

圖 39

要點：

1.蹬腳、前刺要同時，方向為正西偏北約30度。

2.蹬腳時，支撐腿自然伸直，重心站穩，頂頭立腰。

⒂跳步平刺

圖 40

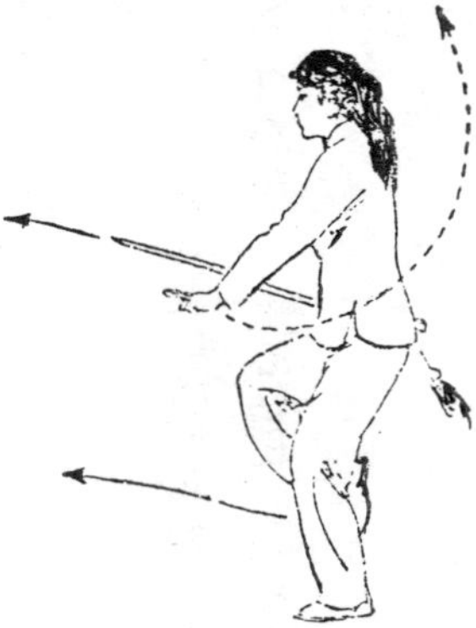

圖 41

圖 42

1.右腳向前落步，隨之重心前移，左腳稍提起。同時雙手捧劍繼續前伸。目視前方（圖40）。

2.重心繼續前移，隨之左腳向右腳前跳步，左腿屈膝半蹲，右腳隨即提起，收控於左腿內側。同時兩手向兩側分開，手心均向下，劍尖略高。目視前方（圖41）。

3.右腳向前落步，左腿自然伸直成右弓步。同時右臂外旋，右手持劍經腰間向前刺出，手心向上，高與肩平，左劍指擺至左上方，手心向上。目視劍尖（圖42）。

要點：

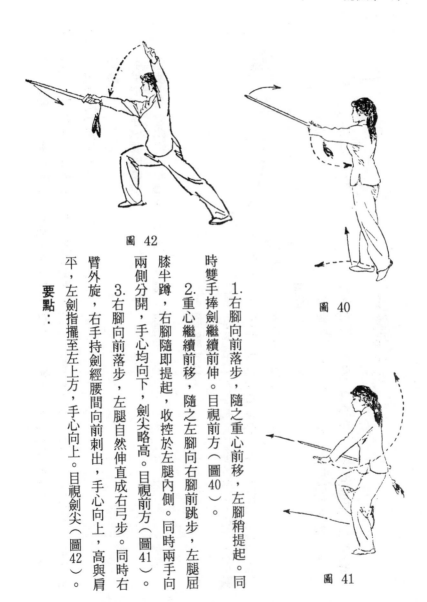

右弓步和刺劍要同時，方向均為正西偏北。

⑯ 轉身平刺

1.重心移至左腿，右腳尖翹起。同時右手持劍收至腰間，手心向上；左劍指落至劍柄上。目視前方（圖43）。

2.右腳尖內扣，以右腳掌為軸，身體向左後轉近一周，轉體時左腿屈膝提起，同時左劍指翻轉收於腰間；右手持劍仍在身體右側。目視前方（圖44）。

3.左腳向北方落步，左腿屈膝前弓成左弓步。同時右手持劍向前直刺，高與肩平。左劍指擺至頭左上方。目視劍尖（圖45）。

圖 43

圖 44

要點：

1.後坐收劍時，上體要隨之略向右轉，然後扣右腳、提左腿向左後轉。

2.轉動時劍尖稍內收，轉動結束時劍尖向正前方（即正北）。

⒄行步穿刺

1.重心移至右腿，上體右轉，左腳尖略向內扣。同時右臂內旋，右手持劍領至頭前上方；左劍指落至右腕部。目視劍尖（圖46）。

圖 45

圖 46

2.上體右轉，右手持劍卷落，經腰間向左側穿出，再經體前橫崩於身體右側；左劍指擺於身體左上方。同時右腳向左腳上步，腳尖外撇；左腳跟抬起。擰腰右轉，目視劍尖（圖47、48）。

圖 47

圖 48

3.左腳向右腳前上步，腳尖略向內扣，然後右、左腳沿弧線相繼向前上四步，兩手姿勢不變。目視劍尖（圖49至52）。

要點：

穿劍時應含胸，動作幅度要大。行步時要沿弧線走一半圓形。

圖 49

圖 50

圖 51

圖 52

⒅行步扣劍

左、右腳繼續沿圓弧形路線走至第五步時是左腳在前，上體左轉。同時兩手下擺，隨著右、左腳相繼依圓向前上步，右手持劍向右上方伸舉，然後經頭前向左下方蓋壓，左劍指扶於右腕部，手心均向下。目視劍尖（圖53至57）。

要點：

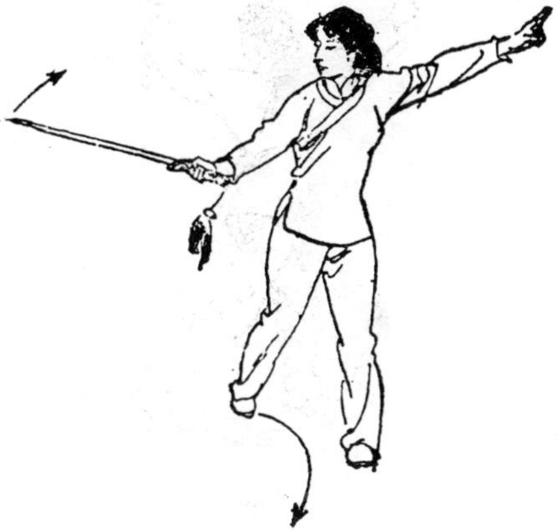

圖 53

圖 54

圖 55

圖 56

1.十七、十八兩個動作行步共走九步，路線成一圓形。前四步，兩手保持原有的姿勢。從第五步開始兩手下擺上舉接做蓋壓動作，蓋壓劍時向左擰腰與左腳落步要一致。

圖 57

2.整個動作要沿圓形走轉，身、械要配合協調。圓形的大小根據個人的步幅而定，步數也可減為七步或增至十一步。

⒆弓步下刺

1.上體右轉，右腳向前上步，同時兩手向兩側分開，手心均向下。目視右前方（圖58）。

2.左腳上步，隨即右腳提起；左劍指向前伸出，身體略向右轉（圖59）。

3.右腳向東北方落步，右腿屈膝前弓成右弓步。同時，右臂外旋，右手持劍經腰間向前下方刺出；左劍指扶右腕。目視劍尖（圖60）。

要點：

1.此動與上動的銜接要連貫。分手與轉體同時完成。弓步方向為東北，弓步時身體略前傾。

2.十七、十八、十九式相接共走十二步，行進路線見附圖①。

圖 58

圖 59

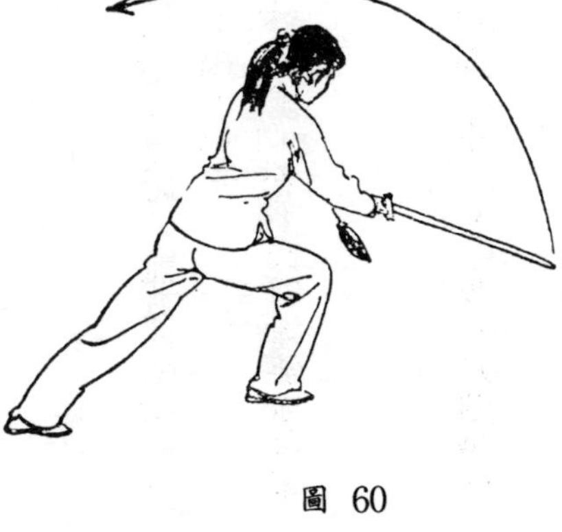

圖 60

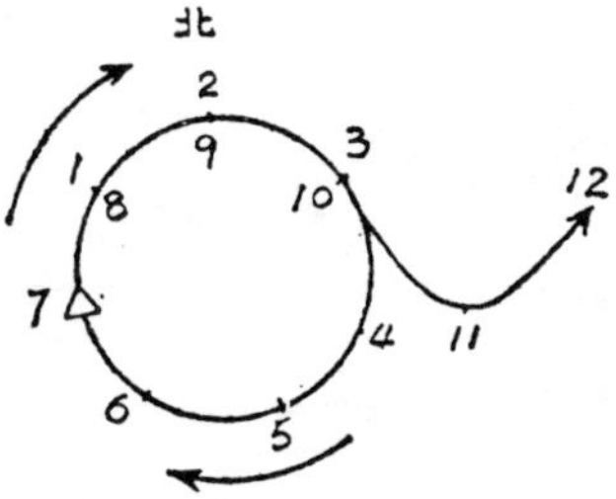

附圖①

⑳騰空跳刺

1.身體左轉，重心移至左腿，右腳尖內扣。同時右臂內旋。右手持劍隨轉身向左劃弧；左手仍扶於右腕（圖61）。

2.重心後移，左腳略向回收，腳尖點地成左虛步。同時兩手向兩側分開，手心均向下。目視前方（圖62）。

圖 61

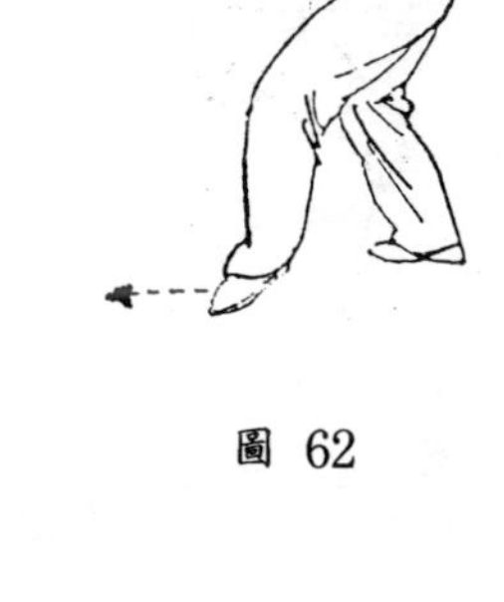

圖 62

3.左腳向前上半步，隨即蹬地起跳，上體在空中左轉。右手持劍在空中向右側平刺，高與肩平；左劍指收至右肩前。目視劍尖（圖63、64）。

要點：

要在身體騰空時將劍刺出，兩腿在空中自然收提。

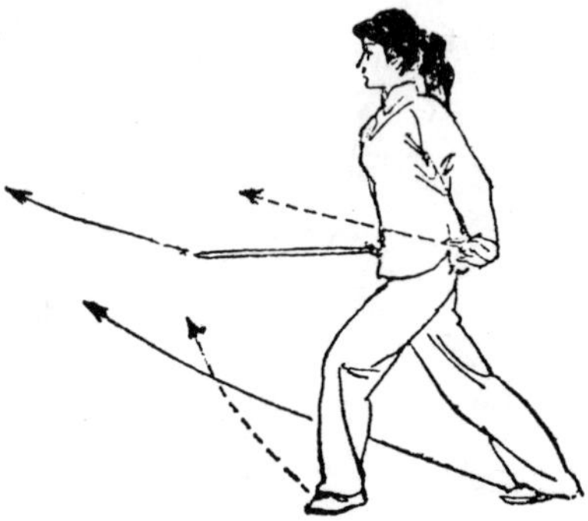

圖 63

圖 64

㉑ 馬步藏劍

身體繼續左轉，雙腳同時落地成半馬步。同時右手持劍收至胸前，手心向下，劍身平。左劍指仍在右肩前。目視左前方（圖65）。

圖 65

要點：

1.身體在空中左轉之後向北落地。

2.落地和收劍要同時完成，劍身藏在左前臂下，劍尖與左肘方向一致。

⑵ 回身反刺

1.左腳向前墊步，腳尖外撇。同時左劍指經下向前撩出，

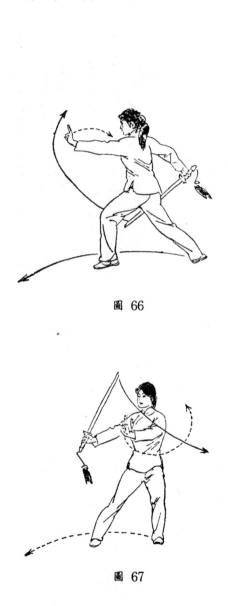

圖 66

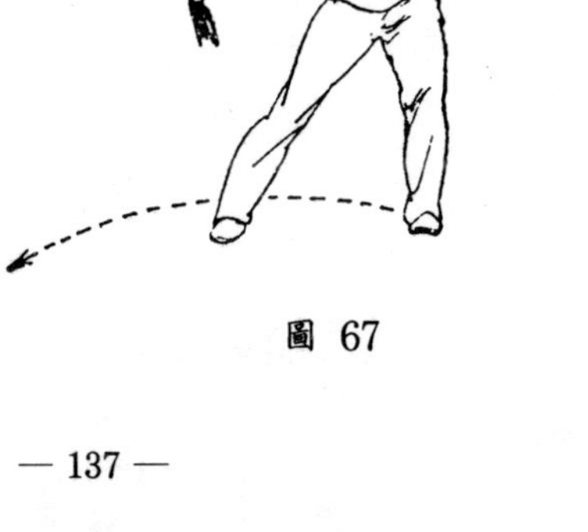

圖 67

右手持劍外旋自然下落。目視左手（圖66）。

2.右腳向前上步，腳尖內扣，上體左轉。同時右手持劍上崩至身體右側。目視劍尖（圖67）。

3.身體左後轉，左腳向後撤步，成右弓步。同時右手持劍向前下方反刺，左劍指擺至體後，反手伸向斜上方。目視劍尖（圖68）。

要點：

圖 68

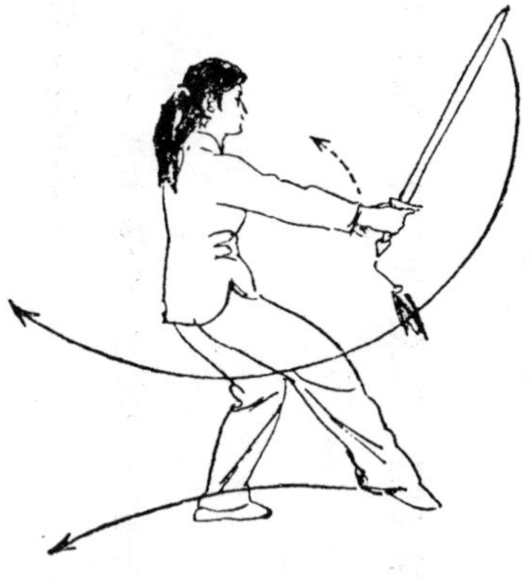

圖 69

1.上右腳和崩劍要同時完成，撤步和反刺劍要同時完成。

2.崩劍時上體略向後仰。撤步時以右腳前掌為軸，身體向左後轉。反刺劍時劍與兩臂成一條斜線。上體略向前傾。

⑵³ 虛步崩劍

重心後移，右腳回收，腳尖點地成右虛步。同時右臂外旋，右手持劍上崩，手心向內；左劍指收至右腕部，目視劍尖（圖69）。

要點：

收腳、崩劍和左劍指下落的動作要同時完成，整個動作要協調一致。

⑵⁴ 獨立上刺

1.右腳向後退步，左腳尖內扣，右腳尖外撇，身體右後轉成右弓步。同時兩手向兩側分開。目視前方（圖70）。

2.右腿蹬地，左腿屈膝提起，成右獨立步。同時右臂外旋，右手持劍經腰間向前上方直刺，劍尖與頭同高。左劍指附於劍柄上。目視劍尖（圖71）。

要點：

圖 70

圖 71

1. 撤步轉體時先扣左腳，然後再撤右腳。同時兩手向兩側分開。
2. 提左腿和刺劍要同時完成，刺劍時上體可略向前傾，頭向上頂，支撐腿自然伸直。

⑵⑸ 撤步平斬

左腳向後落步，右腿屈膝前弓成右弓步。同時，右臂內旋，右手持劍經面前劃一平圓，反手向前平斬，高與肩平，左劍指同時向下、向後擺至頭左上方。目視前方（圖72）。

要點：

圖 72

劍在面前劃平圓時，上體略向後仰；弓步和斬劍要同時完成。整個動作要協調完整。

(26)仰身架劍

1.重心後移，上體後仰；右臂屈收，右手持劍橫架在頭前，左劍指下落至右腕部，上體後仰，兩手翻轉上架，劍在頭上方由左向右平擺，兩手同時向兩側分開。眼向上仰視（圖73）。

2.重心前移成右弓步。同時右手持劍前擺，兩手從兩側合抱於體前，左劍指墊於右手背下，手心均向上。目視前方（圖74）。

要點：

仰身時劍要貼近頭前劃一平圓。

(27)轉身回抽

1.重心後移，上體左轉，右腳尖內扣，左腳尖外撇成左弓步。同時右手持劍抽至左肩前

圖 73

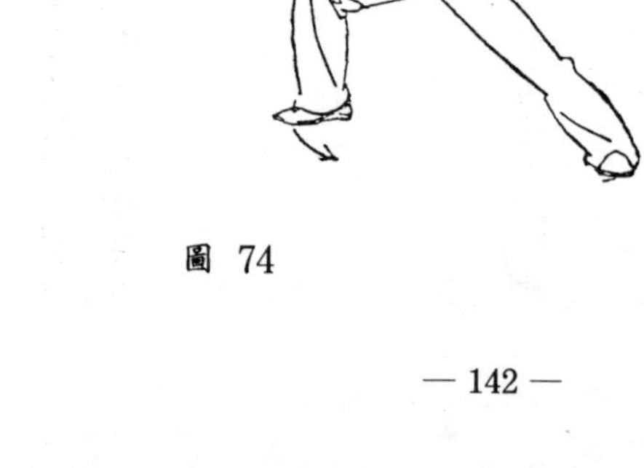

圖 74

圖 75

（手心向內），再隨左轉身向前平劈，劍與肩同高，左劍指附於右腕部。目視前方（圖75、76）。

2.重心後移，左腳略向回收，腳尖點地成左虛步。同時右手持劍下落回抽，劍尖略低；左劍指先隨劍一起下落，再經胸前向前指出。目視劍指（圖77）。

要點：

1.重心後移與劍下落回抽動作一致，劍尖同膝高。

圖 76

圖 77

2.抽劍時成立劍、下劍刃著力，由前向後走弧線抽回，不要直線回抽。定式時右臂微屈，劍尖方向為正東偏南三十度。

(28) 併步平刺

左腳略向左移步，腳尖向前；隨之右腳向左腳併步。同時，右臂外旋，右手持劍經腰間向前平刺，手心向上，高與肩平；左劍指先向左擺，然後收經腰間伸至右手背下方。目視前方（圖78、79）。

圖 78

圖 79

要點：

在左腳向左移步的同時，左劍指即向左側擺動。刺劍、併步和左劍指的動作要協調一致。

⑵9 行步撩劍

1.右腳向右後方撤步，隨之上體右轉，左腳收至右腳旁，腳尖點地。同時右臂內旋，右手持劍領至頭右上方；左劍指附於右腕部。目視劍尖（圖80）。

2.左腳向前上步，腳尖外撇。同時右手持劍向後、向下繞擺；左劍指經胸前向下、向前擺動。目隨劍走（圖81）。

3.右、左腳連續向前行步三步，走第三步時右腳收至左腳內側，腳尖點地。同時右手持

圖 80

圖 81

圖 82

圖 83

劍由後向下、向前、向上撩起，收至頭前上方；左劍指隨之收至右腕部。目視劍尖（圖82、83、84）。

4.右腳向前上步，腳尖外撇。同時右手持劍向上、向左後繞擺；左劍指仍附於右腕部。目視劍尖（圖85）。

5.左、右腳連續向前行走三步。走第三步時左腳收至右腳內側，腳尖點地。同時右手持劍由後向下、向前、向上撩至頭前上方；左劍指仍附於右腕部。目隨劍走（圖86、87、88）。

要點：

1.撩劍時行步要走成S形，如附圖②所示。

2.行步要平穩。撩劍時要以腰帶臂，以臂領劍，身、劍、手、腳要配合協調。

圖 84

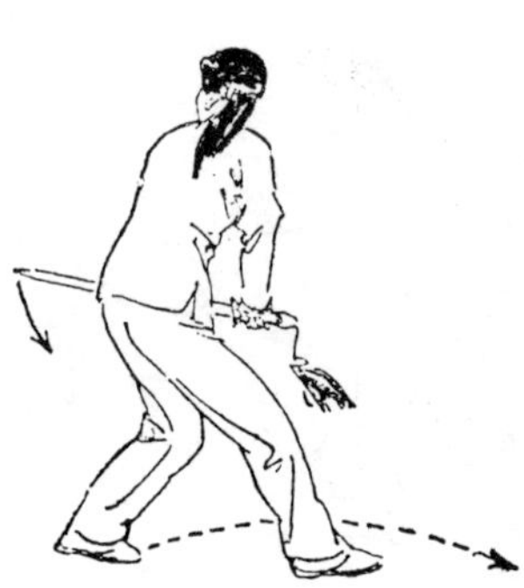

圖 85

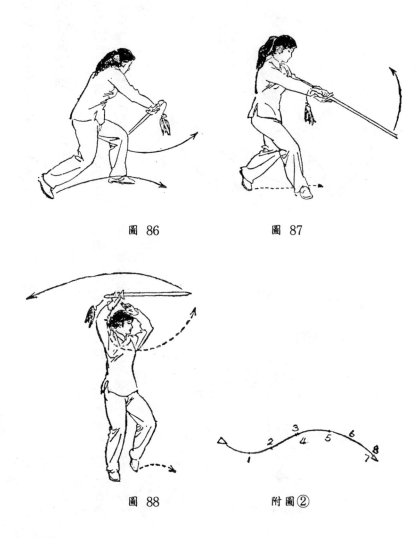

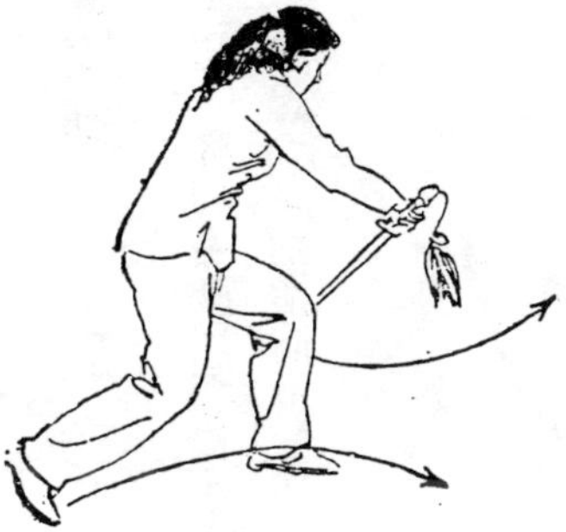

圖 86

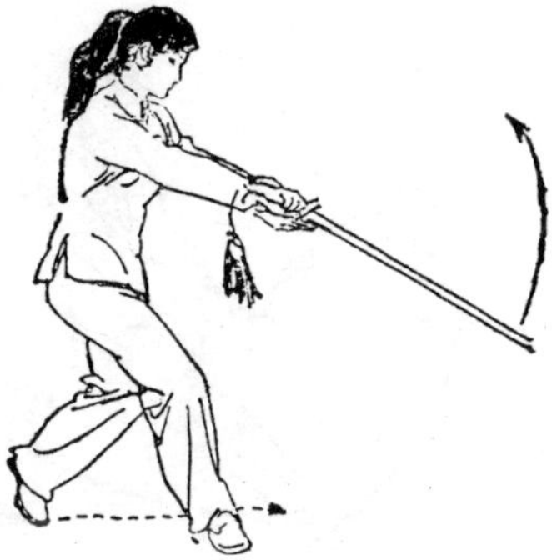

圖 87

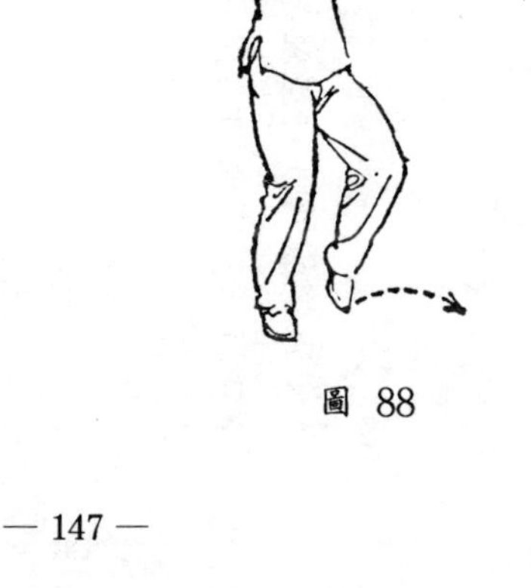

圖 88

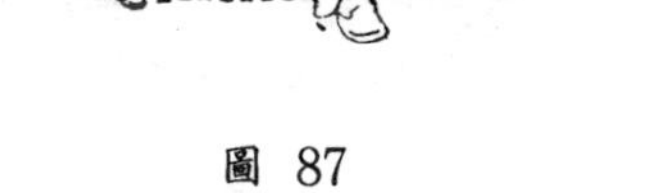

附圖②

3.撩劍是用劍的下刃著力，由下向上撩起。動作幅度要大。

⑶⑽仰身撩劍

左腳向前上步，隨即右腿屈膝提起，腳面繃平，上體後仰。同時右手持劍向上、向後、向下、向前上方撩起；左劍指向下、向前、向上擺至身體左後方。目視劍尖（圖89、90）。

要點：

圖 89

圖 90

1.在提右腿的同時將劍撩出，同時身體後仰。整個動作要協調一致，幅度要大。

2.提腿撩劍的方向為正東。

(31)蓋步按劍

1.右腳下落，腳尖外撇；左腳跟提起，兩腿略蹲。同時右手持劍下沉，手心向上。目視劍尖（圖91）。

2.上體右轉，左腳經右腳前向右蓋步，右腳跟提起。同時右腕繞環，劍向下、向右、向上、向左繞環，按在身體左下方，手心向內；左劍指收於右腕部。目視劍尖（圖92）。

圖 91

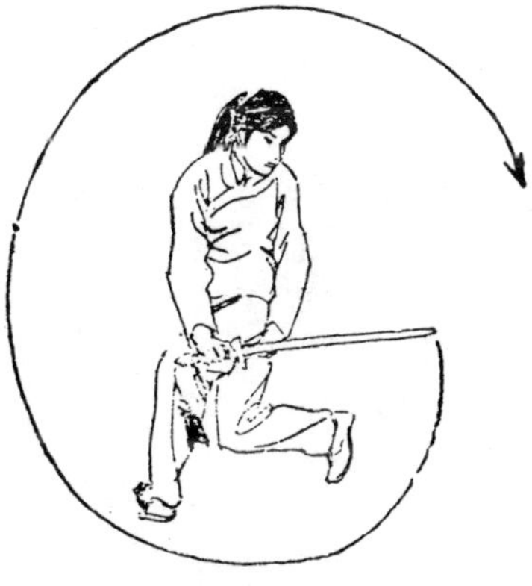

圖 92

要點：

轉體蓋步的同時，右手持劍繞一腕花。整個動作要以腰、腕為軸，身械協調一致。

⑶² 跳步下刺

1. 以兩腳前掌為軸，上體右後轉。同時右手持劍隨轉體向上、向前繞擺；左劍指仍扶於右腕部。目隨劍走（圖93）。

2. 右腳向後撤一步。同時右腕繞環，右手持劍在體右側做一腕花。目視前方（圖94）。

圖 93

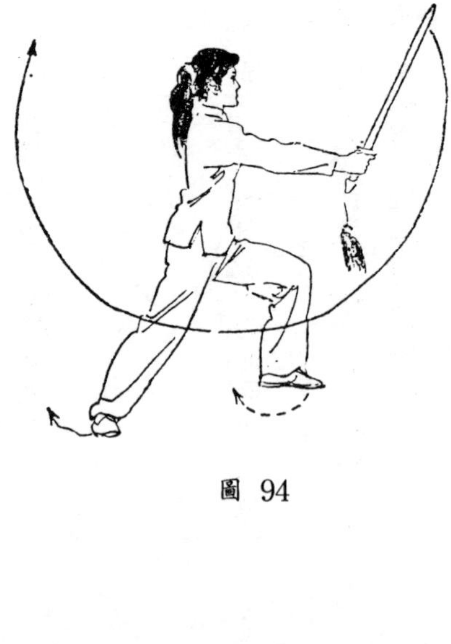

圖 94

圖 95

圖 96

圖 97

圖 98

圖 99

3.左腳尖內扣，右腳尖外撇，上體向右後轉。同時右手持劍向下、向右繞擺，隨轉體擺至頭右上方；左劍指仍扶於右腕部。目視前方（圖95）。

4.左腳向前上一步，右腿屈膝提起，隨即左腳蹬地向前跳一步。同時，右手持劍卷收至右腰間；左劍指收至左腰間，兩手心皆向上。目視前方（圖96、97、98）。

5.右腳向前落步，右腿屈膝前弓成右弓步。同時右手持劍向前下方刺出；左劍指向上、向後擺至頭左上方。目視劍尖（圖99）。

要點：

1.上體右後轉時，劍要貼身走立圓。

2.左腳向前縱跳時，右手持劍收至腰間，動作要輕靈、連貫、協調。

3.弓步刺劍的方向為正西。刺劍要充分；左臂要撐圓。

(33) 歇步壓劍

1.上體左轉，重心左移，右腳尖內扣。同時右手持劍向左上擺；左臂外旋，劍指收至腰間。目視劍把（圖100）。

2.右腳向南上步，腳尖外撇，兩腿屈膝下蹲成歇步。同時上體左轉，右手劍翻轉下壓，劍尖朝左，手心向下，左劍指收至右腕上方。目視劍把（圖101）。

圖 100

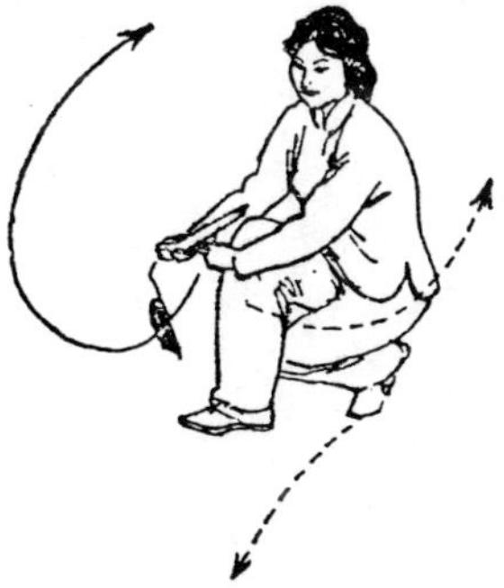

圖 101

要點：

1.上體右轉和擺劍同時完成；下蹲成歇步與劍下壓同時完成。手、腳配合要協調。

2.壓劍是劍身扁平從上向下按壓，著力點在劍平面。

⑶4 虛步點劍

1.左腳向前上步，腳尖略向外撇。同時兩手向兩側分開，右手持劍擺至身後。目視右後方（圖102）。

2.右腳向前上步，腳尖點地成右虛步。同時右手持劍上舉經頭上向前下方點啄，劍尖斜向下，左劍指收至右腕部。目視劍尖（圖103）。

圖 102

圖 103

要點：

上左腳時兩臂儘量外展，右腳落地的同時點劍。點劍時伸臂、提腕。

⑶⑸ 獨立托架

1. 右腳向左後方插步，兩腿屈膝下蹲。同時右臂先外旋、再內旋，使劍在體前劃一個立圓，收至身體左側。目視劍尖（圖104）。

2. 上體右轉，右腿直立支撐；隨之左腿屈膝提起，腳面繃平成右獨立步。同時右手持劍隨身體右轉向上托起，劍身要平；左劍指附於右前臂內側。目視前方（圖105）。

要點：

1.插步和繞劍要同時完成，托劍時，首先將劍把上提，使劍尖朝前，然後再由下向上托起。左膝與劍尖皆朝前，頂頭、立腰。

2.托劍是用劍下刃由下向上托架。

圖 104

圖 105

⑶⑹ 弓步掛劈

1.左腳向前落步，腳尖外撇，兩腿屈膝半蹲。同時上體右轉，右手持劍由上向下、向後掛；左劍指仍扶於右腕部。目視劍尖（圖106）。

2.右腳向前上步，右腿屈膝前弓成右弓步。同時右臂內旋，右手持劍上舉向前平劈，左臂外旋，劍指經左腰間向上擺至左上方。目視前方（圖107）。

要點：

1.掛劍時轉腰、揮臂幅度要大，弓步和劈劍要同時完成。

2.掛劍是將劍尖由前向後勾回，經身體右側或左側下方回掛。

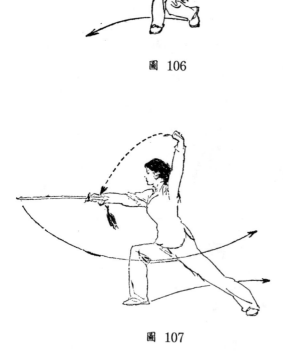

圖 106

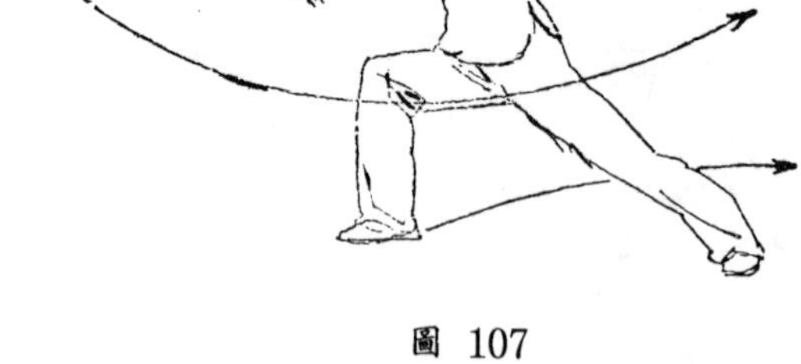

圖 107

(37) 歇步後刺

右腳向左腳後插步，兩腿屈膝下蹲成歇步。同時上體左後轉，右臂外旋，右手持劍向左後方平刺，劍尖略低；左劍指落至右腕部。目視劍尖（圖108）。

要點：

上體儘量左轉，刺劍要充分。

圖 108

(38) 叉步平斬

1.右腳向右橫開步，左腿屈膝側弓。同時右手持劍自然上抬，左劍指向左側擺開。目視劍尖（圖109）。

2.重心移向右腿，上體右轉。同時右手持劍向右平擺；左劍指分展於體側。目隨劍走（圖110）。

3.重心左移，左腿屈膝成側弓步；右手持劍平繞收於體側，左劍指收向右上臂內側。目隨劍走（圖111）。

4.左腳向右插步，腳掌著地；右腿屈膝前弓成叉步。同時右手持劍於體右側劃一平圓，

圖 109

圖 110

然後向右平斬，劍尖略高，手心向下，劍與臂成一斜線，左劍指向下、向左、向上擺至身體左上方。向右擰腰轉頭。目視右後方（圖112）。

要點：

1. 叉步時上體儘量右轉，並略向前傾；動作的方向為西北。插步和斬劍要一致。

2. 斬劍是使劍身扁平，用劍刃從左向右或從右向左橫砍，著力點在劍刃。

(39) 虛步抱劍

1.左腳向左開步成左弓步。同時上體左轉，右手持劍向左平擺；左劍指收至右臂下方，兩手交叉，手心皆向下。目視劍尖（圖113）。

2.重心略向右移，上體後仰，兩手向兩側分開，右手持劍在頭前向右平雲。目隨劍走（圖114）。

圖 111

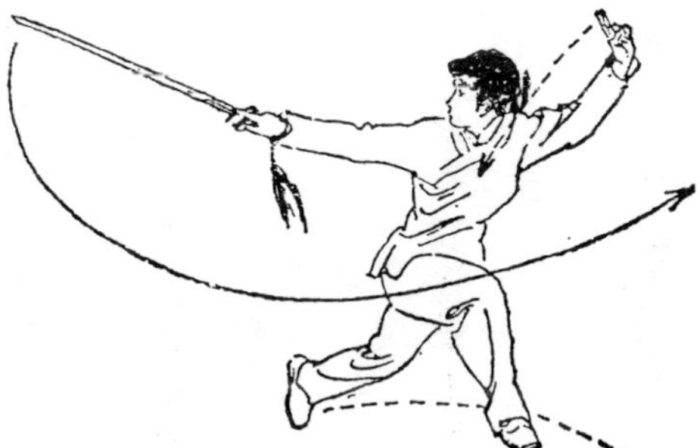

圖 112

圖 113

圖 114

3.右手持劍繼續向前平雲，然後收至體前，劍尖斜向前上方；左劍指收至右手背下。同時右腳收至左腳前，腳尖點地成右虛步。目視劍尖（圖115）。

要點：

1.劍在體前平雲時劍把略低，劍的前端在面前走成一個斜圓。

2.重心向左右移動與平雲劍要協調。重心在左腿時兩手交叉，移至右腿時兩手分開。

(40) 叉步平帶

1.右腳向右跨步成左弓步，同時上體左轉，右手持劍略向左擺；左劍指向左後方擺。目視劍尖（圖116）。

2.重心移向右腿、再返回左腿。同時右手持劍向右平擺，使劍在體右側繞一平圓，上體隨之先向右後向左地晃動；左劍指收至腰間。目隨劍走（圖117、118）。

3.左腳向右腳後插步，前腳掌著地成叉步。同時右手持劍平雲後向右後方平帶，劍身橫於體右側，劍尖略高；左劍指向左、向上擺至身體左上方。目視右方（圖119）。

要點：

1.重心移動要充分，動作以腰為軸，動作幅度儘量放大。

2.動作的定式方向為西北。

圖 115

圖 116

圖 119

圖 117

⑷⑴ 弓步反崩

1.左腿直立支撐；右腿屈膝提起，腳面繃平並內扣。同時右臂外旋，右手持劍回收，雙手抱於胸前。目視劍身（圖120）。

2.右腳向右橫落步（即西北），右腿屈膝前弓成右弓步。同時右手持劍向右反崩，劍尖高與頭平，手

圖 118

心向上；左劍指向左後方分開。目視劍尖（圖121）。

要點：提膝與抱劍要同時；弓步和崩劍要同時。與上一個動作的連接要快。崩劍時上體略向前傾。

圖 120

圖 121

⑷提膝點劍

上體左轉，右腳尖先內扣、隨即屈膝提起，腳面繃平並內扣，左腿直立支撐成左獨立步。同時右臂內旋，右手持劍經頭右側向前下方點啄，劍尖向下；左劍指收於右腕部。目視劍尖（圖122、123）。

要點：

右腳尖內扣時，劍略向回收，然後在提膝的同時將劍點出。點劍方向為東南。

圖 122

圖 123

圖 124

(43) 叉步反撩

右腳向前落步，腳尖外撇；隨即左腳跟提起成叉步。同時右手持劍向下、向後反撩，劍尖略低；左劍指向左分開。目視劍尖（圖124）。

要點：

落步時上體右轉，隨腰的轉動劍向後反撩。

(44) 丁步刺劍

左腳向前方上步，隨之右腳收至左腳旁，腳尖點地成丁步。同時右手持劍收經腰間向前方立劍刺出；左劍指收於右腕部。目視前方（圖125）。

要點：

收腳和刺劍要同時，上體略前傾，臂儘量前伸。

(45) 丁步抱劍

右腳落實，左腳向後撤步，隨即右腳收至左腳內側，腳尖點地成丁步。同時右臂內旋，

圖 125

圖 126

圖 127

圖 128

劍尖收經頭上劃一平圓，然後收至面前，手心向內，高與頭平；左劍指收於右腕內側。目視右前方（圖126、127、128）。

要點：

收右腳的同時將劍收抱至面前。手、腳要配合協調。劍尖與目視方向皆為東南。

⑷⑹ 行步穿劍

1.右腳向前上步，上體右轉，腳尖外撇。同時右臂內旋，右手持劍經面前平繞橫擺於體前；左劍指仍附於右腕，兩手均向下。目視劍尖（圖129）。

圖 129

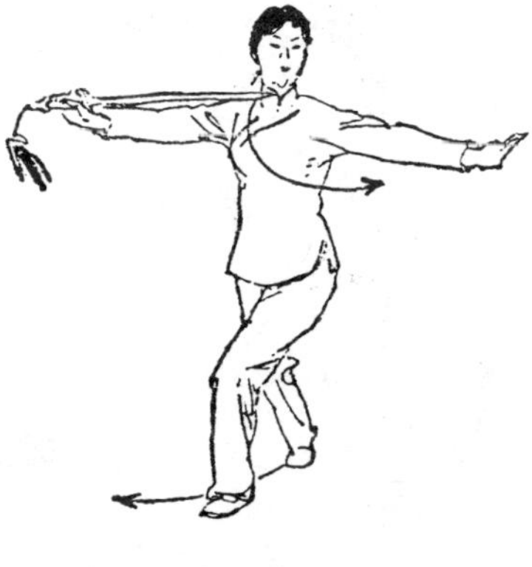

圖 130

圖 131

圖 132

圖 133

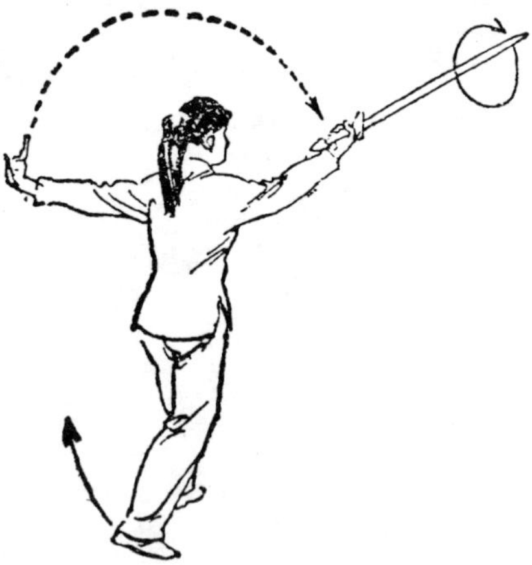

圖 134

2.左腳向右腳前上步，腳尖內扣。同時兩臂向兩側分開。目視前方（圖130）。

3.右、左腳相繼向前行走兩步。同時左臂擺收於體前；右臂外旋，手心向上，右手持劍經左臂下方向左後穿出。目視左後方（圖131、132）。

4.右、左腳相繼向前行走兩步。同時右手持劍向前、向右穿擺劃圓；左劍指向左側平擺。目視劍尖（圖133、134）。

要點：

行步六步，路線成圓形，如附圖③所示。上體略向內傾。穿劍時含胸擰腰。

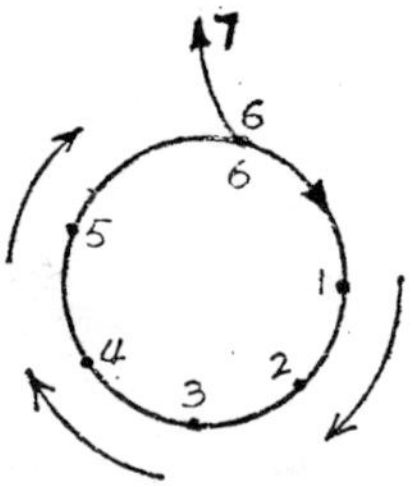

附圖③

(47) 扣劍平抹

1.右腳向右後方撤步，腳前掌著地，上體右後轉。同時右臂內旋，右手持劍向上、向左在肩前翻扣，右手心轉向下；左劍指合於右腕上。向左擰腰，目視劍尖（圖135）。

2.重心後移，左腳略向回收，腳尖點地成虛步。同時身體轉正，劍向右平抹，兩手向兩側分開，分別停於身體兩側，劍尖略高，停於胸前。目視前方（圖136）。

要點：

圖 135

圖 136

1.扣劍與撤步要同時；抹劍、分劍與虛步要同時。

2.整個動作要連貫，以腰為軸，並與上動緊密連接，不可停頓。

圖 137

⑷⑻ 併步平刺

左腳向前上半步，隨之右腳收至左腳旁成併步。同時右臂內旋，右手持劍收於腰間後向前平刺；左劍指收至右手背下，劍身高與肩平。目視前方（圖137）。

要點：

圖 138

圖 139

圖 140

圖 141

收劍時上體可略向右轉。刺劍時兩臂自然前伸，鬆肩，併步時兩腿自然伸直。

(49) 收勢還原

1.左腳向前上步，腳尖外撇，兩腿屈膝半蹲，同時上體左轉，右手持劍收至左肩前；左手虎口朝上，掌心朝前，從右手外側伸出，準備接劍。目視劍把（圖138）。

2.右腳向前上一步，腳尖朝前。同時左手接劍並略向前上方伸出，手心向前；右手變劍指向下、向後擺動。目視右後方（圖139）。

3.左腳向前上步，腳尖朝前，左、右腳之間距離約同肩寬。同時左手持劍下落至左髖旁；右劍指繼續由後向上、向前下落至右髖旁，手心均向後。目視前方（圖140）。

4.左腳收至右腳旁成併成，還原成預備姿勢（

圖141）。

要點：

1. 接劍時要注意保持劍身平穩，劍尖朝前，不要左右亂擺。

2. 還原後，要將劍貼近左前臂，劍尖向上，鬆肩、身體保持自然放鬆，目平視前方。

大展出版社有限公司
品冠文化出版社

圖書目錄

地址：台北市北投區(石牌)
致遠一路二段 12 巷 1 號
電話：(02)28236031
28236033
郵撥：0166955～1
傳真：(02)28272069

法律專欄連載・大展編號 58

台大法學院　法律學系／策劃
法律服務社／編著

1.	別讓您的權利睡著了(1)	200 元
2.	別讓您的權利睡著了(2)	200 元

・生 活 廣 場・品冠編號 61・

1.	366 天誕生星	李芳黛譯	280 元
2.	366 天誕生花與誕生石	李芳黛譯	280 元
3.	科學命相	淺野八郎著	220 元
4.	已知的他界科學	陳蒼杰譯	220 元
5.	開拓未來的他界科學	陳蒼杰譯	220 元
6.	世紀末變態心理犯罪檔案	沈永嘉譯	240 元
7.	366 天開運年鑑	林廷宇編著	230 元
8.	色彩學與你	野村順一著	230 元
9.	科學手相	淺野八郎著	230 元
10.	你也能成為戀愛高手	柯富陽編著	220 元
11.	血型與十二星座	許淑瑛編著	230 元
12.	動物測驗—人性現形	淺野八郎著	200 元
13.	愛情、幸福完全自測	淺野八郎著	200 元
14.	輕鬆攻佔女性	趙奕世編著	230 元
15.	解讀命運密碼	郭宗德著	200 元
16.	由客家了解亞洲	高木桂藏著	220 元

・女醫師系列・品冠編號 62

1.	子宮內膜症	國府田清子著	200 元
2.	子宮肌瘤	黑島淳子著	200 元
3.	上班女性的壓力症候群	池下育子著	200 元
4.	漏尿、尿失禁	中田真木著	200 元
5.	高齡生產	大鷹美子著	200 元
6.	子宮癌	上坊敏子著	200 元

7. 避孕　早乙女智子著　200 元
8. 不孕症　中村春根著　200 元
9. 生理痛與生理不順　堀口雅子著　200 元
10. 更年期　野末悅子著　200 元

・傳統民俗療法・品冠編號 63

1. 神奇刀療法　潘文雄著　200 元
2. 神奇拍打療法　安在峰著　200 元
3. 神奇拔罐療法　安在峰著　200 元
4. 神奇艾灸療法　安在峰著　200 元
5. 神奇貼敷療法　安在峰著　200 元
6. 神奇薰洗療法　安在峰著　200 元
7. 神奇耳穴療法　安在峰著　200 元
8. 神奇指針療法　安在峰著　200 元
9. 神奇藥酒療法　安在峰著　200 元
10. 神奇藥茶療法　安在峰著　200 元

・彩色圖解保健・品冠編號 64

1. 瘦身　主婦之友社　300 元
2. 腰痛　主婦之友社　300 元
3. 肩膀痠痛　主婦之友社　300 元
4. 腰、膝、腳的疼痛　主婦之友社　300 元
5. 壓力、精神疲勞　主婦之友社　300 元
6. 眼睛疲勞、視力減退　主婦之友社　300 元

・心 想 事 成・品冠編號 65

1. 魔法愛情點心　結城莫拉著　120 元
2. 可愛手工飾品　結城莫拉著　120 元
3. 可愛打扮 & 髮型　結城莫拉著　120 元
4. 撲克牌算命　結城莫拉著　120 元

・少年偵探・品冠編號 66

1. 怪盜二十面相　江戶川亂步著　特價 189 元
2. 少年偵探團　江戶川亂步著　特價 189 元
3. 妖怪博士　江戶川亂步著　特價 189 元
4. 大金塊　江戶川亂步著　特價 230 元
5. 青銅魔人　江戶川亂步著　特價 230 元
6. 地底偵探王　江戶川亂步著
7. 透明怪人　江戶川亂步著

8. 怪人四十面相	江戶川亂步著
9. 宇宙怪人	江戶川亂步著
10. 恐怖的鐵塔王國	江戶川亂步著
11. 灰色巨人	江戶川亂步著
12. 海底魔術師	江戶川亂步著
13. 黃金豹	江戶川亂步著
14. 魔法博士	江戶川亂步著
15. 馬戲怪人	江戶川亂步著
16. 魔人剛果	江戶川亂步著
17. 魔法人偶	江戶川亂步著
18. 奇面城的秘密	江戶川亂步著
19. 夜光人	江戶川亂步著
20. 塔上的魔術師	江戶川亂步著
21. 鐵人Q	江戶川亂步著
22. 假面恐怖王	江戶川亂步著
23. 電人M	江戶川亂步著
24. 二十面相的詛咒	江戶川亂步著
25. 飛天二十面相	江戶川亂步著
26. 黃金怪獸	江戶川亂步著

・武術特輯・大展編號 10

1. 陳式太極拳入門	馮志強編著	180 元
2. 武式太極拳	郝少如編著	200 元
3. 練功十八法入門	蕭京凌編著	120 元
4. 教門長拳	蕭京凌編著	150 元
5. 跆拳道	蕭京凌編譯	180 元
6. 正傳合氣道	程曉鈴譯	200 元
7. 圖解雙節棍	陳銘遠著	150 元
8. 格鬥空手道	鄭旭旭編著	200 元
9. 實用跆拳道	陳國榮編著	200 元
10. 武術初學指南	李文英、解守德編著	250 元
11. 泰國拳	陳國榮著	180 元
12. 中國式摔跤	黃　斌編著	180 元
13. 太極劍入門	李德印編著	180 元
14. 太極拳運動	運動司編	250 元
15. 太極拳譜	清・王宗岳等著	280 元
16. 散手初學	冷　峰編著	200 元
17. 南拳	朱瑞琪編著	180 元
18. 吳式太極劍	王培生著	200 元
19. 太極拳健身與技擊	王培生著	250 元
20. 秘傳武當八卦掌	狄兆龍著	250 元
21. 太極拳論譚	沈　壽著	250 元
22. 陳式太極拳技擊法	馬　虹著	250 元

・道學文化・大展編號 12

1.	道在養生：道教長壽術	郝　勤等著	250 元
2.	龍虎丹道：道教內丹術	郝　勤著	300 元
3.	天上人間：道教神仙譜系	黃德海著	250 元
4.	步罡踏斗：道教祭禮儀典	張澤洪著	250 元
5.	道醫窺秘：道教醫學康復術	王慶餘等著	250 元
6.	勸善成仙：道教生命倫理	李　剛著	250 元
7.	洞天福地：道教宮觀勝境	沙銘壽著	250 元
8.	青詞碧簫：道教文學藝術	楊光文等著	250 元
9.	沈博絕麗：道教格言精粹	朱耕發等著	250 元

・易學智慧・大展編號 122

1.	易學與管理	余敦康主編	250 元
2.	易學與養生	劉長林等著	300 元
3.	易學與美學	劉綱紀等著	300 元
4.	易學與科技	董光璧　著	280 元
5.	易學與建築	韓增祿　著	280 元
6.	易學源流	鄭萬耕　著	元
7.	易學的思維	傅雲龍等著	元
8.	周易與易圖	李　申　著	元

・神算大師・大展編號 123

1.	劉伯溫神算兵法	應　涵編著	280 元
2.	姜太公神算兵法	應　涵編著	280 元
3.	鬼谷子神算兵法	應　涵編著	280 元
4.	諸葛亮神算兵法	應　涵編著	280 元

・秘傳占卜系列・大展編號 14

1.	手相術	淺野八郎著	180 元
2.	人相術	淺野八郎著	180 元
3.	西洋占星術	淺野八郎著	180 元
4.	中國神奇占卜	淺野八郎著	150 元
5.	夢判斷	淺野八郎著	150 元
6.	前世、來世占卜	淺野八郎著	150 元
7.	法國式血型學	淺野八郎著	150 元
8.	靈感、符咒學	淺野八郎著	150 元
9.	紙牌占卜術	淺野八郎著	150 元
10.	ESP 超能力占卜	淺野八郎著	150 元

11.	猶太數的秘術	淺野八郎著	150 元
12.	新心理測驗	淺野八郎著	160 元
13.	塔羅牌預言秘法	淺野八郎著	200 元

・趣味心理講座・大展編號 15

1.	性格測驗① 探索男與女	淺野八郎著	140 元
2.	性格測驗② 透視人心奧秘	淺野八郎著	140 元
3.	性格測驗③ 發現陌生的自己	淺野八郎著	140 元
4.	性格測驗④ 發現你的真面目	淺野八郎著	140 元
5.	性格測驗⑤ 讓你們吃驚	淺野八郎著	140 元
6.	性格測驗⑥ 洞穿心理盲點	淺野八郎著	140 元
7.	性格測驗⑦ 探索對方心理	淺野八郎著	140 元
8.	性格測驗⑧ 由吃認識自己	淺野八郎著	160 元
9.	性格測驗⑨ 戀愛知多少	淺野八郎著	160 元
10.	性格測驗⑩ 由裝扮瞭解人心	淺野八郎著	160 元
11.	性格測驗⑪ 敲開內心玄機	淺野八郎著	140 元
12.	性格測驗⑫ 透視你的未來	淺野八郎著	160 元
13.	血型與你的一生	淺野八郎著	160 元
14.	趣味推理遊戲	淺野八郎著	160 元
15.	行為語言解析	淺野八郎著	160 元

・婦 幼 天 地・大展編號 16

1.	八萬人減肥成果	黃靜香譯	180 元
2.	三分鐘減肥體操	楊鴻儒譯	150 元
3.	窈窕淑女美髮秘訣	柯素娥譯	130 元
4.	使妳更迷人	成　玉譯	130 元
5.	女性的更年期	官舒妍編譯	160 元
6.	胎內育兒法	李玉瓊編譯	150 元
7.	早產兒袋鼠式護理	唐岱蘭譯	200 元
8.	初次懷孕與生產	婦幼天地編譯組	180 元
9.	初次育兒 12 個月	婦幼天地編譯組	180 元
10.	斷乳食與幼兒食	婦幼天地編譯組	180 元
11.	培養幼兒能力與性向	婦幼天地編譯組	180 元
12.	培養幼兒創造力的玩具與遊戲	婦幼天地編譯組	180 元
13.	幼兒的症狀與疾病	婦幼天地編譯組	180 元
14.	腿部苗條健美法	婦幼天地編譯組	180 元
15.	女性腰痛別忽視	婦幼天地編譯組	150 元
16.	舒展身心體操術	李玉瓊編譯	130 元
17.	三分鐘臉部體操	趙薇妮著	160 元
18.	生動的笑容表情術	趙薇妮著	160 元
19.	心曠神怡減肥法	川津祐介著	130 元

20. 內衣使妳更美麗　陳玄茹譯　130 元
21. 瑜伽美姿美容　黃靜香編著　180 元
22. 高雅女性裝扮學　陳珮玲譯　180 元
23. 蠶糞肌膚美顏法　坂梨秀子著　160 元
24. 認識妳的身體　李玉瓊譯　160 元
25. 產後恢復苗條體態　居理安・芙萊喬著　200 元
26. 正確護髮美容法　山崎伊久江著　180 元
27. 安琪拉美姿養生學　安琪拉蘭斯博瑞著　180 元
28. 女體性醫學剖析　增田豐著　220 元
29. 懷孕與生產剖析　岡部綾子著　180 元
30. 斷奶後的健康育兒　東城百合子著　220 元
31. 引出孩子幹勁的責罵藝術　多湖輝著　170 元
32. 培養孩子獨立的藝術　多湖輝著　170 元
33. 子宮肌瘤與卵巢囊腫　陳秀琳編著　180 元
34. 下半身減肥法　納他夏・史達賓著　180 元
35. 女性自然美容法　吳雅菁編著　180 元
36. 再也不發胖　池園悅太郎著　170 元
37. 生男生女控制術　中垣勝裕著　220 元
38. 使妳的肌膚更亮麗　楊　皓編著　170 元
39. 臉部輪廓變美　芝崎義夫著　180 元
40. 斑點、皺紋自己治療　高須克彌著　180 元
41. 面皰自己治療　伊藤雄康著　180 元
42. 隨心所欲瘦身冥想法　原久子著　180 元
43. 胎兒革命　鈴木丈織著　180 元
44. NS 磁氣平衡法塑造窈窕奇蹟　古屋和江著　180 元
45. 享瘦從腳開始　山田陽子著　180 元
46. 小改變瘦 4 公斤　宮本裕子著　180 元
47. 軟管減肥瘦身　高橋輝男著　180 元
48. 海藻精神秘美容法　劉名揚編著　180 元
49. 肌膚保養與脫毛　鈴木真理著　180 元
50. 10 天減肥 3 公斤　彤雲編輯組　180 元
51. 穿出自己的品味　西村玲子著　280 元
52. 小孩髮型設計　李芳黛譯　250 元

・青 春 天 地・大展編號 17

1. A 血型與星座　柯素娥編譯　160 元
2. B 血型與星座　柯素娥編譯　160 元
3. 0 血型與星座　柯素娥編譯　160 元
4. AB 血型與星座　柯素娥編譯　120 元
5. 青春期性教室　呂貴嵐編譯　130 元
7. 難解數學破題　宋釗宜編譯　130 元
9. 小論文寫作秘訣　林顯茂編譯　120 元
11. 中學生野外遊戲　熊谷康編著　120 元

12. 恐怖極短篇	柯素娥編譯	130 元
13. 恐怖夜話	小毛驢編譯	130 元
14. 恐怖幽默短篇	小毛驢編譯	120 元
15. 黑色幽默短篇	小毛驢編譯	120 元
16. 靈異怪談	小毛驢編譯	130 元
17. 錯覺遊戲	小毛驢編著	130 元
18. 整人遊戲	小毛驢編著	150 元
19. 有趣的超常識	柯素娥編譯	130 元
20. 哦！原來如此	林慶旺編譯	130 元
21. 趣味競賽 100 種	劉名揚編譯	120 元
22. 數學謎題入門	宋釗宜編譯	150 元
23. 數學謎題解析	宋釗宜編譯	150 元
24. 透視男女心理	林慶旺編譯	120 元
25. 少女情懷的自白	李桂蘭編譯	120 元
26. 由兄弟姊妹看命運	李玉瓊編譯	130 元
27. 趣味的科學魔術	林慶旺編譯	150 元
28. 趣味的心理實驗室	李燕玲編譯	150 元
29. 愛與性心理測驗	小毛驢編譯	130 元
30. 刑案推理解謎	小毛驢編譯	180 元
31. 偵探常識推理	小毛驢編譯	180 元
32. 偵探常識解謎	小毛驢編譯	130 元
33. 偵探推理遊戲	小毛驢編譯	180 元
34. 趣味的超魔術	廖玉山編著	150 元
35. 趣味的珍奇發明	柯素娥編著	150 元
36. 登山用具與技巧	陳瑞菊編著	150 元
37. 性的漫談	蘇燕謀編著	180 元
38. 無的漫談	蘇燕謀編著	180 元
39. 黑色漫談	蘇燕謀編著	180 元
40. 白色漫談	蘇燕謀編著	180 元

・健康天地・大展編號 18

1. 壓力的預防與治療	柯素娥編譯	130 元
2. 超科學氣的魔力	柯素娥編譯	130 元
3. 尿療法治病的神奇	中尾良一著	130 元
4. 鐵證如山的尿療法奇蹟	廖玉山譯	120 元
5. 一日斷食健康法	葉慈容編譯	150 元
6. 胃部強健法	陳炳崑譯	120 元
7. 癌症早期檢查法	廖松濤譯	160 元
8. 老人痴呆症防止法	柯素娥編譯	170 元
9. 松葉汁健康飲料	陳麗芬編譯	150 元
10. 揉肚臍健康法	永井秋夫著	150 元
11. 過勞死、猝死的預防	卓秀貞編譯	130 元
12. 高血壓治療與飲食	藤山順豐著	180 元

13. 老人看護指南	柯素娥編譯	150 元
14. 美容外科淺談	楊啟宏著	150 元
15. 美容外科新境界	楊啟宏著	150 元
16. 鹽是天然的醫生	西英司郎著	140 元
17. 年輕十歲不是夢	梁瑞麟譯	200 元
18. 茶料理治百病	桑野和民著	180 元
19. 綠茶治病寶典	桑野和民著	150 元
20. 杜仲茶養顏減肥法	西田博著	170 元
21. 蜂膠驚人療效	瀨長良三郎著	180 元
22. 蜂膠治百病	瀨長良三郎著	180 元
23. 醫藥與生活㈠	鄭炳全著	180 元
24. 鈣長生寶典	落合敏著	180 元
25. 大蒜長生寶典	木下繁太郎著	160 元
26. 居家自我健康檢查	石川恭三著	160 元
27. 永恆的健康人生	李秀鈴譯	200 元
28. 大豆卵磷脂長生寶典	劉雪卿譯	150 元
29. 芳香療法	梁艾琳譯	160 元
30. 醋長生寶典	柯素娥譯	180 元
31. 從星座透視健康	席拉・吉蒂斯著	180 元
32. 愉悅自在保健學	野本二士夫著	160 元
33. 裸睡健康法	丸山淳士等著	160 元
34. 糖尿病預防與治療	藤山順豐著	180 元
35. 維他命長生寶典	菅原明子著	180 元
36. 維他命 C 新效果	鐘文訓編	150 元
37. 手、腳病理按摩	堤芳朗著	160 元
38. AIDS 瞭解與預防	彼得塔歇爾著	180 元
39. 甲殼質殼聚糖健康法	沈永嘉譯	160 元
40. 神經痛預防與治療	木下真男著	160 元
41. 室內身體鍛鍊法	陳炳崑編著	160 元
42. 吃出健康藥膳	劉大器編著	180 元
43. 自我指壓術	蘇燕謀編著	160 元
44. 紅蘿蔔汁斷食療法	李玉瓊編著	150 元
45. 洗心術健康秘法	竺翠萍編譯	170 元
46. 枇杷葉健康療法	柯素娥編譯	180 元
47. 抗衰血癒	楊啟宏著	180 元
48. 與癌搏鬥記	逸見政孝著	180 元
49. 冬蟲夏草長生寶典	高橋義博著	170 元
50. 痔瘡・大腸疾病先端療法	宮島伸宜著	180 元
51. 膠布治癒頑固慢性病	加瀨建造著	180 元
52. 芝麻神奇健康法	小林貞作著	170 元
53. 香煙能防止癡呆？	高田明和著	180 元
54. 穀菜食治癌療法	佐藤成志著	180 元
55. 貼藥健康法	松原英多著	180 元
56. 克服癌症調和道呼吸法	帶津良一著	180 元

57. B 型肝炎預防與治療	野村喜重郎著	180 元
58. 青春永駐養生導引術	早島正雄著	180 元
59. 改變呼吸法創造健康	原久子著	180 元
60. 荷爾蒙平衡養生秘訣	出村博著	180 元
61. 水美肌健康法	井戶勝富著	170 元
62. 認識食物掌握健康	廖梅珠編著	170 元
63. 痛風劇痛消除法	鈴木吉彥著	180 元
64. 酸莖菌驚人療效	上田明彥著	180 元
65. 大豆卵磷脂治現代病	神津健一著	200 元
66. 時辰療法—危險時刻凌晨 4 時	呂建強等著	180 元
67. 自然治癒力提升法	帶津良一著	180 元
68. 巧妙的氣保健法	藤平墨子著	180 元
69. 治癒 C 型肝炎	熊田博光著	180 元
70. 肝臟病預防與治療	劉名揚編著	180 元
71. 腰痛平衡療法	荒井政信著	180 元
72. 根治多汗症、狐臭	稻葉益巳著	220 元
73. 40 歲以後的骨質疏鬆症	沈永嘉譯	180 元
74. 認識中藥	松下一成著	180 元
75. 認識氣的科學	佐佐木茂美著	180 元
76. 我戰勝了癌症	安田伸著	180 元
77. 斑點是身心的危險信號	中野進著	180 元
78. 艾波拉病毒大震撼	玉川重德著	180 元
79. 重新還我黑髮	桑名隆一郎著	180 元
80. 身體節律與健康	林博史著	180 元
81. 生薑治萬病	石原結實著	180 元
82. 靈芝治百病	陳瑞東著	180 元
83. 木炭驚人的威力	大槻彰著	200 元
84. 認識活性氧	井土貴司著	180 元
85. 深海鮫治百病	廖玉山編著	180 元
86. 神奇的蜂王乳	井上丹治著	180 元
87. 卡拉 OK 健腦法	東潔著	180 元
88. 卡拉 OK 健康法	福田伴男著	180 元
89. 醫藥與生活(二)	鄭炳全著	200 元
90. 洋蔥治百病	宮尾興平著	180 元
91. 年輕 10 歲快步健康法	石塚忠雄著	180 元
92. 石榴的驚人神效	岡本順子著	180 元
93. 飲料健康法	白鳥早奈英著	180 元
94. 健康棒體操	劉名揚編譯	180 元
95. 催眠健康法	蕭京凌編著	180 元
96. 鬱金（美王）治百病	水野修一著	180 元
97. 醫藥與生活(三)	鄭炳全著	200 元

・實用女性學講座・大展編號 19

1.	解讀女性內心世界	島田一男著	150 元
2.	塑造成熟的女性	島田一男著	150 元
3.	女性整體裝扮學	黃靜香編著	180 元
4.	女性應對禮儀	黃靜香編著	180 元
5.	女性婚前必修	小野十傳著	200 元
6.	徹底瞭解女人	田口二州著	180 元
7.	拆穿女性謊言 88 招	島田一男著	200 元
8.	解讀女人心	島田一男著	200 元
9.	俘獲女性絕招	志賀貢著	200 元
10.	愛情的壓力解套	中村理英子著	200 元
11.	妳是人見人愛的女孩	廖松濤編著	200 元

・校園系列・大展編號 20

1.	讀書集中術	多湖輝著	180 元
2.	應考的訣竅	多湖輝著	150 元
3.	輕鬆讀書贏得聯考	多湖輝著	180 元
4.	讀書記憶秘訣	多湖輝著	180 元
5.	視力恢復！超速讀術	江錦雲譯	180 元
6.	讀書 36 計	黃柏松編著	180 元
7.	驚人的速讀術	鐘文訓編著	170 元
8.	學生課業輔導良方	多湖輝著	180 元
9.	超速讀超記憶法	廖松濤編著	180 元
10.	速算解題技巧	宋釗宜編著	200 元
11.	看圖學英文	陳炳崑編著	200 元
12.	讓孩子最喜歡數學	沈永嘉譯	180 元
13.	催眠記憶術	林碧清譯	180 元
14.	催眠速讀術	林碧清譯	180 元
15.	數學式思考學習法	劉淑錦譯	200 元
16.	考試憑要領	劉孝暉著	180 元
17.	事半功倍讀書法	王毅希著	200 元
18.	超金榜題名術	陳蒼杰譯	200 元
19.	靈活記憶術	林耀慶編著	180 元
20.	數學增強要領	江修楨編著	180 元

・實用心理學講座・大展編號 21

1.	拆穿欺騙伎倆	多湖輝著	140 元
2.	創造好構想	多湖輝著	140 元
3.	面對面心理術	多湖輝著	160 元
4.	偽裝心理術	多湖輝著	140 元

5. 透視人性弱點　多湖輝著　180 元
6. 自我表現術　多湖輝著　180 元
7. 不可思議的人性心理　多湖輝著　180 元
8. 催眠術入門　多湖輝著　150 元
9. 責罵部屬的藝術　多湖輝著　150 元
10. 精神力　多湖輝著　150 元
11. 厚黑說服術　多湖輝著　150 元
12. 集中力　多湖輝著　150 元
13. 構想力　多湖輝著　150 元
14. 深層心理術　多湖輝著　160 元
15. 深層語言術　多湖輝著　160 元
16. 深層說服術　多湖輝著　180 元
17. 掌握潛在心理　多湖輝著　160 元
18. 洞悉心理陷阱　多湖輝著　180 元
19. 解讀金錢心理　多湖輝著　180 元
20. 拆穿語言圈套　多湖輝著　180 元
21. 語言的內心玄機　多湖輝著　180 元
22. 積極力　多湖輝著　180 元

・超現實心靈講座・大展編號 22

1. 超意識覺醒法　詹蔚芬編譯　130 元
2. 護摩秘法與人生　劉名揚編譯　130 元
3. 秘法！超級仙術入門　陸明譯　150 元
4. 給地球人的訊息　柯素娥編著　150 元
5. 密教的神通力　劉名揚編著　130 元
6. 神秘奇妙的世界　平川陽一著　200 元
7. 地球文明的超革命　吳秋嬌譯　200 元
8. 力量石的秘密　吳秋嬌譯　180 元
9. 超能力的靈異世界　馬小莉譯　200 元
10. 逃離地球毀滅的命運　吳秋嬌譯　200 元
11. 宇宙與地球終結之謎　南山宏著　200 元
12. 驚世奇功揭秘　傅起鳳著　200 元
13. 啟發身心潛力心象訓練法　栗田昌裕著　180 元
14. 仙道術遁甲法　高藤聰一郎著　220 元
15. 神通力的秘密　中岡俊哉著　180 元
16. 仙人成仙術　高藤聰一郎著　200 元
17. 仙道符咒氣功法　高藤聰一郎著　220 元
18. 仙道風水術尋龍法　高藤聰一郎著　200 元
19. 仙道奇蹟超幻像　高藤聰一郎著　200 元
20. 仙道鍊金術房中法　高藤聰一郎著　200 元
21. 奇蹟超醫療治癒難病　深野一幸著　220 元
22. 揭開月球的神秘力量　超科學研究會　180 元
23. 西藏密教奧義　高藤聰一郎著　250 元

24. 改變你的夢術入門	高藤聰一郎著	250 元
25. 21 世紀拯救地球超技術	深野一幸著	250 元

・養生保健・大展編號 23

1. 醫療養生氣功	黃孝寬著	250 元
2. 中國氣功圖譜	余功保著	250 元
3. 少林醫療氣功精粹	井玉蘭著	250 元
4. 龍形實用氣功	吳大才等著	220 元
5. 魚戲增視強身氣功	宮　嬰著	220 元
6. 嚴新氣功	前新培金著	250 元
7. 道家玄牝氣功	張　章著	200 元
8. 仙家秘傳袪病功	李遠國著	160 元
9. 少林十大健身功	秦慶豐著	180 元
10. 中國自控氣功	張明武著	250 元
11. 醫療防癌氣功	黃孝寬著	250 元
12. 醫療強身氣功	黃孝寬著	250 元
13. 醫療點穴氣功	黃孝寬著	250 元
14. 中國八卦如意功	趙維漢著	180 元
15. 正宗馬禮堂養氣功	馬禮堂著	420 元
16. 秘傳道家筋經內丹功	王慶餘著	300 元
17. 三元開慧功	辛桂林著	250 元
18. 防癌治癌新氣功	郭　林著	180 元
19. 禪定與佛家氣功修煉	劉天君著	200 元
20. 顛倒之術	梅自強著	360 元
21. 簡明氣功辭典	吳家駿編	360 元
22. 八卦三合功	張全亮著	230 元
23. 朱砂掌健身養生功	楊永著	250 元
24. 抗老功	陳九鶴著	230 元
25. 意氣按穴排濁自療法	黃啟運編著	250 元
26. 陳式太極拳養生功	陳正雷著	200 元
27. 健身祛病小功法	王培生著	200 元
28. 張式太極混元功	張春銘著	250 元
29. 中國璇密功	羅琴編著	250 元
30. 中國少林禪密功	齊飛龍著	200 元
31. 郭林新氣功	郭林新氣功研究所	400 元
32. 太極八卦之源與健身養生	鄭志鴻等著	280 元

・社會人智囊・大展編號 24

1. 糾紛談判術	清水增三著	160 元
2. 創造關鍵術	淺野八郎著	150 元
3. 觀人術	淺野八郎著	200 元

4. 應急詭辯術　廖英迪編著　160 元
5. 天才家學習術　木原武一著　160 元
6. 貓型狗式鑑人術　淺野八郎著　180 元
7. 逆轉運掌握術　淺野八郎著　180 元
8. 人際圓融術　澀谷昌三著　160 元
9. 解讀人心術　淺野八郎著　180 元
10. 與上司水乳交融術　秋元隆司著　180 元
11. 男女心態定律　小田晉著　180 元
12. 幽默說話術　林振輝編著　200 元
13. 人能信賴幾分　淺野八郎著　180 元
14. 我一定能成功　李玉瓊譯　180 元
15. 獻給青年的嘉言　陳蒼杰譯　180 元
16. 知人、知面、知其心　林振輝編著　180 元
17. 塑造堅強的個性　坂上肇著　180 元
18. 為自己而活　佐藤綾子著　180 元
19. 未來十年與愉快生活有約　船井幸雄著　180 元
20. 超級銷售話術　杜秀卿譯　180 元
21. 感性培育術　黃靜香編著　180 元
22. 公司新鮮人的禮儀規範　蔡媛惠譯　180 元
23. 傑出職員鍛鍊術　佐佐木正著　180 元
24. 面談獲勝戰略　李芳黛譯　180 元
25. 金玉良言撼人心　森純大著　180 元
26. 男女幽默趣典　劉華亭編著　180 元
27. 機智說話術　劉華亭編著　180 元
28. 心理諮商室　柯素娥譯　180 元
29. 如何在公司崢嶸頭角　佐佐木正著　180 元
30. 機智應對術　李玉瓊編著　200 元
31. 克服低潮良方　坂野雄二著　180 元
32. 智慧型說話技巧　沈永嘉編著　180 元
33. 記憶力、集中力增進術　廖松濤編著　180 元
34. 女職員培育術　林慶旺編著　180 元
35. 自我介紹與社交禮儀　柯素娥編著　180 元
36. 積極生活創幸福　田中真澄著　180 元
37. 妙點子超構想　多湖輝著　180 元
38. 說 NO 的技巧　廖玉山編著　180 元
39. 一流說服力　李玉瓊編著　180 元
40. 般若心經成功哲學　陳鴻蘭編著　180 元
41. 訪問推銷術　黃靜香編著　180 元
42. 男性成功秘訣　陳蒼杰編著　180 元
43. 笑容、人際智商　宮川澄子著　180 元
44. 多湖輝的構想工作室　多湖輝著　200 元
45. 名人名語啟示錄　喬家楓著　180 元
46. 口才必勝術　黃柏松編著　220 元
47. 能言善道的說話秘訣　章智冠編著　180 元

48. 改變人心成為贏家	多湖輝著	200 元
49. 說服的ＩＱ	沈永嘉譯	200 元
50. 提升腦力超速讀術	齊藤英治著	200 元
51. 操控對手百戰百勝	多湖輝著	200 元
52. 面試成功戰略	柯素娥編著	200 元
53. 摸透男人心	劉華亭編著	180 元
54. 撼動人心優勢口才	龔伯牧編著	180 元
55. 如何使對方說 yes	程　羲編著	200 元
56. 小道理・美好生活	林政峰編著	180 元
57. 拿破崙智慧箴言	柯素娥編著	200 元
58. 解開第六感之謎	匠英一編著	200 元
59. 讀心術入門	王嘉成編著	180 元
60. 這趟人生怎麼走	李亦盛編著	200 元
61. 這趟人生樂逍遙	李亦盛編著	元

・精 選 系 列・大展編號 25

1. 毛澤東與鄧小平	渡邊利夫等著	280 元
2. 中國大崩裂	江戶介雄著	180 元
3. 台灣・亞洲奇蹟	上村幸治著	220 元
4. 7-ELEVEN 高盈收策略	國友隆一著	180 元
5. 台灣獨立（新・中國日本戰爭一）	森詠著	200 元
6. 迷失中國的末路	江戶雄介著	220 元
7. 2000 年 5 月全世界毀滅	紫藤甲子男著	180 元
8. 失去鄧小平的中國	小島朋之著	220 元
9. 世界史爭議性異人傳	桐生操著	200 元
10. 淨化心靈享人生	松濤弘道著	220 元
11. 人生心情診斷	賴藤和寬著	220 元
12. 中美大決戰	檜山良昭著	220 元
13. 黃昏帝國美國	莊雯琳譯	220 元
14. 兩岸衝突（新・中國日本戰爭二）	森詠著	220 元
15. 封鎖台灣（新・中國日本戰爭三）	森詠著	220 元
16. 中國分裂（新・中國日本戰爭四）	森詠著	220 元
17. 由女變男的我	虎井正衛著	200 元
18. 佛學的安心立命	松濤弘道著	220 元
19. 世界喪禮大觀	松濤弘道著	280 元
20. 中國內戰（新・中國日本戰爭五）	森詠著	220 元
21. 台灣內亂（新・中國日本戰爭六）	森詠著	220 元
22. 琉球戰爭 ①（新・中國日本戰爭七）	森詠著	220 元
23. 琉球戰爭 ②（新・中國日本戰爭八）	森詠著	220 元
24. 台海戰爭（新・中國日本戰爭九）	森詠著	220 元
25. 美中開戰（新・中國日本戰爭十）	森詠著	220 元

・運 動 遊 戲・大展編號 26

1. 雙人運動	李玉瓊譯	160 元
2. 愉快的跳繩運動	廖玉山譯	180 元
3. 運動會項目精選	王佑京譯	150 元
4. 肋木運動	廖玉山譯	150 元
5. 測力運動	王佑宗譯	150 元
6. 游泳入門	唐桂萍編著	200 元
7. 帆板衝浪	王勝利譯	300 元
8. 蛙泳七日通	溫仲華編著	180 元

・休 閒 娛 樂・大展編號 27

1. 海水魚飼養法	田中智浩著	300 元
2. 金魚飼養法	曾雪玫譯	250 元
3. 熱門海水魚	毛利匡明著	480 元
4. 愛犬的教養與訓練	池田好雄著	250 元
5. 狗教養與疾病	杉浦哲著	220 元
6. 小動物養育技巧	三上昇著	300 元
7. 水草選擇、培育、消遣	安齊裕司著	300 元
8. 四季釣魚法	釣朋會著	200 元
9. 簡易釣魚入門	張果馨譯	200 元
10. 防波堤釣入門	張果馨譯	220 元
11. 透析愛犬習性	沈永嘉譯	200 元
20. 園藝植物管理	船越亮二著	220 元
21. 實用家庭菜園ＤＩＹ	孔翔儀著	200 元
30. 汽車急救ＤＩＹ	陳瑞雄編著	200 元
31. 巴士旅行遊戲	陳羲編著	180 元
32. 測驗你的ＩＱ	蕭京凌編著	180 元
33. 益智數字遊戲	廖玉山編著	180 元
40. 撲克牌遊戲與贏牌秘訣	林振輝編著	180 元
41. 撲克牌魔術、算命、遊戲	林振輝編著	180 元
42. 撲克占卜入門	王家成編著	180 元
50. 兩性幽默	幽默選集編輯組	180 元
51. 異色幽默	幽默選集編輯組	180 元
52. 幽默魔法鏡	玄虛叟編著	180 元
53. 幽默樂透站	玄虛叟編著	180 元
70. 亞洲真實恐怖事件	楊鴻儒譯	200 元

・銀髮族智慧學・大展編號 28

1. 銀髮六十樂逍遙	多湖輝著	170 元
2. 人生六十反年輕	多湖輝著	170 元

3.	六十歲的決斷	多湖輝著	170 元
4.	銀髮族健身指南	孫瑞台編著	250 元
5.	退休後的夫妻健康生活	施聖茹譯	200 元

・飲 食 保 健・大展編號 29

1.	自己製作健康茶	大海淳著	220 元
2.	好吃、具藥效茶料理	德永睦子著	220 元
3.	改善慢性病健康藥草茶	吳秋嬌譯	200 元
4.	藥酒與健康果菜汁	成玉編著	250 元
5.	家庭保健養生湯	馬汴梁編著	220 元
6.	降低膽固醇的飲食	早川和志著	200 元
7.	女性癌症的飲食	女子營養大學	280 元
8.	痛風者的飲食	女子營養大學	280 元
9.	貧血者的飲食	女子營養大學	280 元
10.	高脂血症者的飲食	女子營養大學	280 元
11.	男性癌症的飲食	女子營養大學	280 元
12.	過敏者的飲食	女子營養大學	280 元
13.	心臟病的飲食	女子營養大學	280 元
14.	滋陰壯陽的飲食	王增著	220 元
15.	胃、十二指腸潰瘍的飲食	勝健一等著	280 元
16.	肥胖者的飲食	雨宮禎子等著	280 元
17.	癌症有效的飲食	河內卓等著	300 元
18.	糖尿病有效的飲食	山田信博等著	300 元
19.	骨質疏鬆症有效的飲食	板橋明等著	300 元
20.	高血壓有效的飲食	大內尉義著	300 元

・家庭醫學保健・大展編號 30

1.	女性醫學大全	雨森良彥著	380 元
2.	初為人父育兒寶典	小瀧周曹著	220 元
3.	性活力強健法	相建華著	220 元
4.	30 歲以上的懷孕與生產	李芳黛編著	220 元
5.	舒適的女性更年期	野末悅子著	200 元
6.	夫妻前戲的技巧	笠井寬司著	200 元
7.	病理足穴按摩	金慧明著	220 元
8.	爸爸的更年期	河野孝旺著	200 元
9.	橡皮帶健康法	山田晶著	180 元
10.	三十三天健美減肥	相建華等著	180 元
11.	男性健美入門	孫玉祿編著	180 元
12.	強化肝臟秘訣	主婦之友社編	200 元
13.	了解藥物副作用	張果馨譯	200 元
14.	女性醫學小百科	松山榮吉著	200 元

15. 左轉健康法	龜田修等著	200 元
16. 實用天然藥物	鄭炳全編著	260 元
17. 神秘無痛平衡療法	林宗駛著	180 元
18. 膝蓋健康法	張果馨譯	180 元
19. 針灸治百病	葛書翰著	250 元
20. 異位性皮膚炎治癒法	吳秋嬌譯	220 元
21. 禿髮白髮預防與治療	陳炳崑編著	180 元
22. 埃及皇宮菜健康法	飯森薰著	200 元
23. 肝臟病安心治療	上野幸久著	220 元
24. 耳穴治百病	陳抗美等著	250 元
25. 高效果指壓法	五十嵐康彥著	200 元
26. 瘦水、胖水	鈴木園子著	200 元
27. 手針新療法	朱振華著	200 元
28. 香港腳預防與治療	劉小惠譯	250 元
29. 智慧飲食吃出健康	柯富陽編著	200 元
30. 牙齒保健法	廖玉山編著	200 元
31. 恢復元氣養生食	張果馨譯	200 元
32. 特效推拿按摩術	李玉田著	200 元
33. 一週一次健康法	若狹真著	200 元
34. 家常科學膳食	大塚滋著	220 元
35. 夫妻們閱讀的男性不孕	原利夫著	220 元
36. 自我瘦身美容	馬野詠子著	200 元
37. 魔法姿勢益健康	五十嵐康彥著	200 元
38. 眼病錘療法	馬栩周著	200 元
39. 預防骨質疏鬆症	藤田拓男著	200 元
40. 骨質增生效驗方	李吉茂編著	250 元
41. 蕺菜健康法	小林正夫著	200 元
42. 赧於啟齒的男性煩惱	增田豐著	220 元
43. 簡易自我健康檢查	稻葉允著	250 元
44. 實用花草健康法	友田純子著	200 元
45. 神奇的手掌療法	日比野喬著	230 元
46. 家庭式三大穴道療法	刑部忠和著	200 元
47. 子宮癌、卵巢癌	岡島弘幸著	220 元
48. 糖尿病機能性食品	劉雪卿編著	220 元
49. 奇蹟活現經脈美容法	林振輝編譯	200 元
50. Super SEX	秋好憲一著	220 元
51. 了解避孕丸	林玉佩譯	200 元
52. 有趣的遺傳學	蕭京凌編著	200 元
53. 強身健腦手指運動	羅群等著	250 元
54. 小周天健康法	莊雯琳譯	200 元
55. 中西醫結合醫療	陳蒼杰譯	200 元
56. 沐浴健康法	楊鴻儒譯	200 元
57. 節食瘦身秘訣	張芷欣編著	200 元
58. 酵素健康法	楊皓譯	200 元

59. 一天 10 分鐘健康太極拳	劉小惠譯	250 元
60. 中老年人疲勞消除法	五味雅吉著	220 元
61. 與齲齒訣別	楊鴻儒譯	220 元
62. 禪宗自然養生法	費德漢編著	200 元
63. 女性切身醫學	編輯群編	200 元
64. 乳癌發現與治療	黃靜香編著	200 元
65. 做媽媽之前的孕婦日記	林慈姮編著	180 元
66. 從誕生到一歲的嬰兒日記	林慈姮編著	180 元
67. 6 個月輕鬆增高	江秀珍譯	200 元
68. 一輩子年輕開心	編輯群編	200 元
69. 怎可盲目減肥	編輯群編	200 元
70. 『腳』萬病之源	阿部幼子著	200 元
71. 睡眠健康養生法	編輯群編著	200 元
72. 水中漫步健康法	野村武男著	220 元

・超經營新智慧・大展編號 31

1. 躍動的國家越南	林雅倩譯	250 元
2. 甦醒的小龍菲律賓	林雅倩譯	220 元
3. 中國的危機與商機	中江要介著	250 元
4. 在印度的成功智慧	山內利男著	220 元
5. 7-ELEVEN 大革命	村上豐道著	200 元
6. 業務員成功秘方	呂育清編著	200 元
7. 在亞洲成功的智慧	鈴木讓二著	220 元
8. 圖解活用經營管理	山際有文著	220 元
9. 速效行銷學	江尻弘著	220 元
10. 猶太成功商法	周蓮芬編著	200 元
11. 工廠管理新手法	黃柏松編著	220 元
12. 成功隨時掌握在凡人手上	竹村健一著	220 元
13. 服務・所以成功	中谷彰宏著	200 元
14. 輕鬆賺錢高手	增田俊男著	220 元

・理財、投資・大展編號 312

1. 突破股市瓶頸	黃國洲著（特價）	199 元
2. 投資眾生相	黃國洲著	220 元

・親子系列・大展編號 32

1. 如何使孩子出人頭地	多湖輝著	200 元
2. 心靈啟蒙教育	多湖輝著	280 元
3. 如何使孩子數學滿分	林明嬋編著	180 元
4. 終身受用的學習秘訣	李芳黛譯	200 元

大展好書 好書大展